Jacques DURIEUX
SAMER (P.-de-C.)

SOUVENIRS

DE LA MARQUISE

DE CRÉQUY

PARIS. — IMPRIMERIE F. LEVÉ, RUE CASSETTE, 17.

Marie Antoinette
Reine de France.

SOUVENIRS

DE LA MARQUISE

DE CRÉQUY

DE 1710 A 1803

NOUVELLE ÉDITION REVUE, CORRIGÉE ET AUGMENTÉE

TOME SEPTIÈME

PARIS

GARNIER FRÈRES, LIBRAIRES-ÉDITEURS

6, RUE DES SAINTS-PÈRES, 6

ÉTAT GÉNÉRAL
DE LA NOBLESSE
DE FRANCE
AVANT LA RÉVOLUTION DE 1789.

SOMMAIRE.

1° Dédicace à M. le Duc de Penthièvre.

2° Liste des plus anciennes et principales maisons du Royaume, avec les dates de leurs origines, au nombre de *cinq cent cinquante-deux* familles ayant établi leur ascendance antérieurement à l'année 1399.

3° Liste de plusieurs familles issues d'ancienne chevalerie; mais dont les plus anciens titres n'ont pas été connus de l'auteur.

4° Familles illustrées par les armes, ou dans les conseils du Prince.

5° Pairie de France; Ducs et Pairs dans l'ordre de leur création.

6° Ducs héréditaires ou nompairs, Ducs-à-brevet. *Ducs de l'État Venaissin (Gentilshommes sans rang et sans autres honneurs que leur titre.)*

7° Grands d'Espagne Français, avec la date de leurs diplômes.

8° Verbal du règlement sur les admissions ou présentations à la Cour de France.

9° Première série des Seigneurs et Dames présentés à Versailles, avec l'indication de leurs noms patronymiques.

10° Règlement applicable aux hommes de qualité pour l'entrée dans les Carrosses du Roi.

11° Deuxième Liste des Gens de qualité et Gens de condition qui ont été présentés, avec désignation de leurs grades militaires, et l'adjonction de leurs véritables noms de famille.

12° Gens-de-condition qui avaient fourni les preuves exigées, et qui n'ont pas joui des honneurs de la Cour.

MAGISTRATURE

13° Anciennes maisons de la haute Noblesse, dont quelques membres ont rempli des fonctions judiciaires.

14° Familles d'Épée qui ont quitté la profession des armes pour exercer la magistrature.

15° Ancienne Noblesse de Robe antérieure au XVe siècle, au nombre de 28 familles.

16° Principales Familles annoblies par l'exercice de la judicature, à partir du XVe siècle jusqu'à nos jours.

17° Tableau des principales Familles de France dans l'ordre de leurs illustrations.

18° Liste des Familles éteintes après la rédaction des tableaux précédens.

19° Pièces Justificatives, anciens autographes inédits et autres documens provenus des archives de Créquy.

SOUVENIRS

DE LA MARQUISE

DE CRÉQUY.

CHAPITRE PREMIER.

Impénitence finale et mort de Mme du Deffand. — Ridicule mariage de Mme Denys, nièce de Voltaire. — Un vœu de la Maréchale de Noailles. — Une moquerie de Louis XVIII. — Baptême de la Reine Marie-Thérèse (fille de Louis XVI et ci-devant Duchesse d'Angoulême). — Le Maréchal de Brissac à St.-Sulpice. — Étrange susceptibilité de ce vieux seigneur. — Mme de Beauharnois. — Son portrait. — Son caractère et ses ouvrages. — Les deux cauchemars. — Cazotte et son pouvoir magnétique. — Anecdotes.

Mme du Deffand venait de se laisser mourir, sans vouloir entendre parler de confession ni de sacremens, et la grosse Mme Denys venait de se remarier avec un homme dont elle aurait été la mère. Ce courageux personnage était un appelé M. Duvivier, lequel avait été capitaine de dragons et secrétaire de

M. de Maillebois. Les philosophes encyclopédistes allaient disant partout que ce mariage était une insulte aux mânes de Voltaire, une indignité méprisable, un scandale affreux!

M#me# Duvivier laissait dire, et mettait des guirlandes de fleurs avec des robes de linon. M#me# Duvivier s'amusait comme une petite reine, et la première chose qu'elle avait faite était de vendre son château de Ferney, avec le cœur de son cher oncle par-dessus le marché. L'impératrice de Russie lui écrivit pour la complimenter sur ce beau mariage, et Monsieur, Comte de Provence, en rapportait de si belles particularités que je pense bien qu'il en inventait les trois quarts. Il assurait notamment que M#me# Duvivier avait conçu l'ambition de faire tenir son premier enfant par la Maréchale de Noailles, laquelle avait la bonhomie d'en être furieuse! — Me proposer de tenir sur les fonds baptismaux un horrible enfant qui va naître avec le sceau de la réprobation, et de m'engager spirituellement et sacramentellement pour un pareil ante-christ! et quand on lui conseillait de se tranquilliser, parce que sa prétendue commère avait au moins soixante et dix ans, elle reprenait avec un air de persuasion douloureuse : — C'est une chose dont il ne m'est pas permis de douter,... c'est une chose qui m'est revenue par Monsieur, et nous ne doutons pas aussi de ce que c'est une œuvre du démon..

Monsieur fut tellement ému de compassion pour ses angoisses, car il est bon de vous dire qu'elle avait fait un vœu par lequel elle se croyait engagée, quoiqu'il fût des plus téméraires, et celui-ci consistait à ne jamais se refuser à tenir aucun enfant. On n'avait pas l'idée de cette sorte de dévotion-là ! Enfin, Monsieur fut lui dire de se tenir tranquille, parce que la mère de cet ante-christ avait changé d'avis, et que ce serait à moi qu'elle comptait s'adresser. — Tant mieux ! dit-elle à Monsieur, je ne serai pas fâchée de la savoir dans l'embarras..... Elle est si confiante et si moqueuse !

A propos de baptême et de Monsieur, frère du Roi, je me rappelle une petite chose qui marque assez bien son caractère. Il avait été désigné pour représenter le Roi d'Espagne au baptême de Madame Royale, dont cette Princesse était la filleule, et le Grand-Aumônier lui demanda quels noms il fallait donner à Madame ! (1)

— Monsieur le Cardinal, lui répliqua pointilleusement le fondé de pouvoir de Sa Majesté Catholique, il me semble que la première chose à me demander doit être relative aux noms et qualifications

(1) Marie-Thérèse de France, Fille de France et Duchesse d'Angoulême. On est tenté de s'écrier charitablement pour elle : Hélas ! plût à Dieu qu'elle fût morte ce jour-là ! Elle aurait précédé son bienheureux père au ciel, au lieu d'y monter la dernière de sa famille, après tant de souffrances et d'afflictions ! après tant d'années d'angoisses et de cruel martyre ! Mais les desseins de la Providence ne sont pas les nôtres ; elle a voulu donner à la terre un éternel exemple de vertus sublimes et d'édification. Pieuse et courageuse fille de Robert-le-Fort et de Robert-le-Pieux ! O véritable fille de France et digne enfant de Saint Louis ! s'il existe chez nous, s'il peut exister au monde un seul être humain dont le cœur ne soit pas torturé, dont les yeux ne soient pas noyés de larmes en songeant à vous ?..... Ce n'est pas moi ! (*Note de l'Auteur.*)

ou profession du père et de la mère de l'enfant que vous allez ondoyer : c'est la première prescription qui se trouve indiquée par le rituel.

Le Grand-Aumônier prit la liberté de lui répondre que ceci n'était et ne devait être indispensable que lorsque l'administrateur du sacrement ne connaissait ni la famille ni les parens du néophyte, et lorsqu'on allait enregistrer les noms de l'enfant pour lui constituer un état civil ; mais que ce n'était pas lui, Cardinal et Grand-Aumônier, qui devait écrire tout cela sur les registres de la chapelle, et que tout le monde savait très bien que Madame Royale était la fille légitime du Roi, frère aîné de Monsieur.

Là-dessus, voici le docte parrain qui s'adresse au Curé de Notre-Dame, lequel assistait d'office à la cérémonie, parce que son église paroissiale est celle du château. — Monsieur le Curé, lui dit-il avec un ton formaliste, vous avez fait et dû faire un plus grand nombre de baptêmes que M. le Cardinal, et je vous prie de nous dire si mon objection n'est pas fondée.

Cet ecclésiastique inclina respectueusement sa tête, en disant que la chose était de prescription générale, mais que dans la circonstance où l'on se trouvait, il ne ce serait pas conduit autrement que Monseigneur le Cardinal.......

— Il n'y a jamais d'autre Monseigneur que nous autres, en notre présence, épilogua son Altesse Royale, et le pauvre Curé fut bien confus d'avoir négligé cette partie de cérémonial. Comme il apparaissait visiblement de ces observations de Monsieur, qu'il ne connaissait pas moins bien le rituel de Paris que l'étiquette du Louvre, chacun en conclut nécessairement que Monsieur n'ignorait de rien, et je suppose qu'il n'en fut pas fâché (1) ?

(1) Quand nos princes et nos prélats vont être revenus de leur émigration, souvenez-vous qu'il ne faut jamais donner le *Monseigneur* à ces derniers quand on se trouve en présence d'un prince du sang royal de France, pour qui cette qualification doit être réservée par exclusion de toute autre personne, fût-elle d'une autre famille souveraine. Comme les personnes royales étrangères n'en sont pas satisfaites, c'est à raison de cette coutume que l'usage de voyager *incognito* s'est établi vers le milieu du règne de Louis XV ; car il ne date pas de plus loin.

Quand on se trouve en pareil cas vis-à-vis d'un Cardinal ou d'un vieux Archevêque, ou d'un saint Évêque, on évite seulement de l'appeler *Monsieur;* on tourne autour de l'écueil en louvoyant, et c'est ainsi qu'on lui marque sa révérence.

Mes oncles disaient toujours que cette coutume était bonne à garder, ne fût-ce que pour attester et manifester à messieurs les prélats que, lorsqu'ils se trouvent monseigneurisés par nous, c'est un pur effet de politesse dévotieuse et de courtoisie volontaire.

Mme de Lhospital avait remarqué que lorsqu'un Évêque français n'est pas né Gentilhomme, cette partie du formulaire est supportée fort impatiemment par la noblesse, et toujours est-il que nulle personne de la cour n'aurait voulu donner le titre de *Monseigneur* à M. Boyer, l'Évêque de Mirepoix, quoiqu'on eût perpétuellement affaire à lui parce qu'il était chargé de la feuille des bénéfices. Le Maréchal de Richelieu n'a jamais dit que *Monsieur* à tous les Évêques et les Archevêques du royaume, et personne ne s'en étonnait. Rappelez-vous donc qu'à la réserve de nos Princes, la noblesse française ne doit le *Monseigneur* qu'à M. le Chancelier, et peut-être aux Maréchaux de France, en qualité de juges du Point-d'Honneur ? Mais je divague, à ce qu'il me semble, et la conclusion de tout ceci consiste à ne jamais dire Monseigneur à un Évêque devant un Prince du sang. (*Note de l'Auteur,* 1797.)

Écoutez un autre commérage qui me revient à la mémoire. Mme de Beauharnois tenait la fille aînée du Prince Louis de Gonzague sur les fonts de baptême à St-Sulpice, et le Maréchal de Brissac était son compère. Le Curé lui demande son nom de baptême (au Maréchal), et le voilà qui tressaille et se gonfle en son juste-au-corps, en regardant le questionneur entre les deux yeux, portant la main sur le pommeau de sa grande épée en proférant comme un cri-de-guerre, avec une voix qui fait trembler tous les vitraux : TIMOLÉON, MORBLEU ! TIMOLÉON ! ! !

Mme de Beauharnois lui dit après la cérémonie : — Auriez-vous l'obligeance de me dire pourquoi vous avez eu l'air de vous courroucer ?..... — *Ma commère !* lui répondit-il en vert-galant qu'il était, *ce sont choses à ne point dire à votre Mignonnerie qui les tiendrait pour ennuyantes*, et elle ne put savoir de quelle mouche il avait été piqué !

Je lui dis que le Maréchal avait peut-être été surpris qu'on pût ignorer quel devait être son nom de baptême, parce que les *Timoléon* reviennent souvent dans la généalogie des *Cossé-Brissac*. — Mais, répliqua-t-elle, est-ce que c'est un point d'érudition qui soit obligatoire pour le Curé de notre paroisse?

On n'a jamais raconté si parfaitement bien que Mme de Beauharnois ; on n'a jamais exprimé si délicatement certaines choses qui doivent rester en sous-entendu lorsque c'est une femme qui parle, et pourtant la précision n'en souffre en aucune façon. Il est impossible d'oublier une histoire qu'elle vous a contée. Je lui demandais un jour comment il se faisait qu'elle ne les redit jamais à moins qu'on ne la priât de les répéter?—Mais ce doit être par instinct, répondit-elle.

Il y a long-temps que je voulais vous parler de Mᵐᵉ de Beauharnois, mais c'est qu'il y a long-temps que je ne l'avais vue, et voilà ce qui m'arrêtait, parce que je travaille en conscience pour vous (1).

La Comtesse de Beauharnois est la femme de France qui cause le plus agréablement et qui parle le mieux, avec une correction noblement naturelle, et facilement élégante ; c'est la personne du monde qui s'entend le mieux et qui réussit le plus sûrement à ménager tous les amours-propres, en évitant de les flatter aux dépens de sa véracité, qui est admirable ; je vous assure que ses innocentes manœuvres, en ces occasions-là, sont une chose curieuse à considérer. Supposez qu'on vienne quêter auprès d'elle un compliment littéraire et que sa conscience ne lui fournisse aucune matière à félicitation, elle hésite en rougissant comme une jeune fille, elle change de

---

(1) Marie-Françoise Mouschard de Chaban de Menneval, née à Paris en 1741, mariée en 1757 au Comte de Beauharnais et des Roches-Baritant, Lieutenant-Général des armées navales, etc. Depuis la suppression des titres féodaux et nobiliaires, plusieurs ouvrages de cette Dame ont été publiés sous le nom de Mᵐᵉ *Fanny de Beauharnais*. Elle est morte à Paris le 2 juillet 1813. On voit dans un article nécrologique, publié dans les journaux du temps, que la Comtesse de Beauharnais avait été frappée comme d'un coup de foudre en apprenant inopinément la mort de la Duchesse de Brissac qui était son intime amie depuis un demi-siècle, et cet article applique à Mᵐᵉ de Beauharnais ce mot de Thalès à la veuve d'Hyrax : « Vous étiez digne de mourir de douleur. » *(Note de l'Éditeur.)*

physionimie, on ne la reconnaît plus; on dirait qu'elle est un peu distraite et légèrement impolie? mais si les prétentions reviennent à la charge, elle a l'air de demander excuse de son impolitesse, et ce qu'elle se met à répondre est si judicieusement et si obligeamment tourné, si finement dit, si bienveillant et si parfaitement juste, surtout, que l'auteur de ce méchant ouvrage et ses lecteurs présens, en sont également satisfaits, quoi qu'ils soient d'un avis diamétralement opposé sur le mérite du livre en question.

— Que vous êtes donc spirituellement bonne! lui disais-je une fois chez Mme du Boccage, à propos de Mme Le Prince-de-Beaumont; je n'aurais jamais eu l'esprit d'imaginer tout ce que vous trouvez moyen de dire équitablement à cette ennuyeuse *Madem. Bonne* à l'endroit de sa *Ladi Sensée*, de sa *Ladi Spirituelle* et de son *Magasin des Adolescentes.* — *Mon Dieu, vous m'étonnez beaucoup*, répondit-elle avec une candeur ineffable, *je ne cherche pas à briller, je tâche de plaire.*

Il y a d'elle une foule de mots vrais et charmans.
— *Les femmes aiment de tout leur cœur, et les hommes de toutes leurs forces.* J'entendais un jour l'Évêque anglican Thornton qui voulait disputer contre elle à propos de la supériorité du théâtre anglais sur nos tragiques. — Vous aller m'impatienter, lui dit-elle, *Corneille est un dieu, Racine est une déesse, Voltaire un enchanteur, et Shakespeare un sorcier!* La Marquise de Beauharnois, sa belle-mère et la plus ennuyeuse créature du monde, était horriblement janséniste, et je me souviens qu'elle ne voulait pas (la belle-fille) emprunter pour emporter chez elle un poème

de Voltaire sur le tremblement de terre de Lisbonne, en disant que ce serait un sujet de controverse.....
— Et comment donc cela ! — C'est que ma belle-mère ne manquerait pas de me soutenir que les véritables auteurs de ce tremblement de terre sont les jésuites !

Elle a toujours eu l'inconvénient et le défaut, car c'en est un, de vivre dans la supposition d'un monde idéal et dans certaines illusions chimériques dont les méchancetés, les révolutions, les années, les infirmités et les plus tristes vérités du monde réel ne sauraient la faire sortir. Quand on s'opiniâtre à lui chercher des ridicules, et voilà ce qu'on n'oserait faire en sa présence, car il n'est personne à l'épreuve de la séduction qu'elle exerce sans y prétendre : rien n'est plus imposant que sa politesse noble et son goût parfait ; il n'y a pas de préventions ni d'hostilité qui puissent tenir devant son air intelligent et modeste, et je n'ai jamais vu personne qui pût rester insensible à la bienveillance et la grâce naïve de son esprit. Mme de Sévigné disait qu'à la cour de Louis XIV, l'esprit de Mme de Coulanges était comme une *dignité ;* on dirait dans la société de notre temps, que la bonne grâce et l'aménité de Mme de Beauharnois seraient une *puissance*.

On lui avait appliqué très impudemment et fort injustement une ancienne épigramme de Pavillon sur Mlle de la Force :

« Églé, belle et poète, a deux petits travers.
« Elle fait son visage et ne fait pas ses vers.

Il est vrai que Mlle de la Force avait toujours la

peau couverte de blanc de céruse, et qu'elle se faisait peindre les sourcils avec les cils des paupières et des veines bleues sur les tempes; mais je puis vous assurer que si la Comtesse de Beauharnois faisait son visage, c'était comme nous le faisions toutes, et qu'elle ne mettait que du rouge ainsi que toutes les autres femmes de qualité. Elle a toujours été blanche comme un cygne, et je n'ai jamais rien vu de si beau que ses yeux! Je n'ai pas besoin de vous dire qu'elle a fait des poésies fort agréables; mais ce que je vous dirai pertinemment, c'est que depuis la mort de son ami, et je puis ajouter de son protégé, M. Dorat, il n'y a jamais eu personne dans son intimité qui fût capable de les faire pour elle. Son épître au Roi de Prusse, qui lui avait écrit en vers, est un véritable chef-d'œuvre.

— Je retourne en Espagne, et je ne sais quand nous nous reverrons, lui disait la Duchesse d'Ossuna ; écrivez-moi quelque chose sur mes tablettes, et pour me laisser un souvenir de vous; quelque chose sur l'amour....

— Pourquoi pas sur l'amitié? — Oh non, sur l'amour; j'ai mes raisons... Mme de Beauharnois prit une mauvaise plume (c'est un de ses inconvéniens les moins pardonnables;) et sans fatiguer sa Muse, elle écrivit sur les tablettes en question, ce quatrain charmant :

« Plus beau que les roses timides,
« Plus doux que le miel printanier,
« L'amour porte des traits perfides ;
« Comme l'abeille et le rosier.

La culture des lettres, la société des savans, leurs suffrages, ce ton d'afféterie prétentieuse et particulière à la littérature française, à l'époque où Mme de Beauharnois commençait à écrire, ne purent jamais influer sur sa simplicité naturelle et sur son dégoût pour l'*incorrect* et le *précieux*. Elle a toujours évité la recherche en toute chose ; et l'on trouve encore aujourd'hui dans sa conversation toutes les grâces de la naïveté.

Les romans, les poésies, les lettres familières et la conversation de Mme de Beauharnois, ont toujours été, pour le bon esprit et le bon goût, dans une harmonieuse concordance, et l'on y reconnaît toujours cet accent de bonté qui part du cœur.

Le premier ouvrage qu'elle publia sous le titre des *Amans d'autrefois* est un roman plein de grâce et de sensibilité ; mais un peu timide, assez tiède et passablement innocent, ainsi qu'il appartenait alors aux premiers essais d'une jeune femme ; l'*Abeylard supposé*, que Mme de Beauharnois préfère à ses autres ouvrages, est bien certainement un chef-d'œuvre de goût, de délicatesse et de sentiment généreux. Je pourrais vous dire, en causant, comment il y a du vrai dans le fond de cette anecdote. Plusieurs volumes d'opuscules ont témoigné quelle était la flexibilité de son esprit et la finesse de ses observations, mais il me semble que le roman de *Stéphanie* porte un cachet de supériorité véritable ; le plan de ce charmant ouvrage est vaste et bien rempli ; l'intérêt s'y trouve habilement ménagé, fortement soutenu ; les situations y sont aussi variées que les caractères y sont naturels et vraisemblables ;

le style en est pur, élégant et simple ; enfin l'éclatant succès qu'ont obtenu les lettres de *Stéphanie*, ne saurait manquer d'assurer à la Comtesse de Beauharnois un rang très distingué dans la littérature de son temps. Quelques instances qu'on ait pu lui faire, elle n'a jamais voulu publier qu'un volume de ses poésies, et vous verrez qu'il renferme des héroïdes et des pièces fugitives aussi remarquables pour leur agrément que pour leur correction.

Je ne vous ferais pas bien connaître Mme de Beauharnois si je négligeais de vous parler de son cœur et de son caractère. Elle a pu réunir à la plus parfaite beauté l'instruction, les talens et le savoir modeste ; à la fermeté la plus constante, une douceur inaltérable ; à la générosité sans bornes, une exquise délicatesse. Elle est restée le plus parfait modèle de cette ancienne urbanité française dont les traditions se perdent, et dont bientôt il ne restera plus chez nous que le souvenir. La Maréchale de Sennectère (Marie de Saint-Pierre), disait toujours : — C'est vrai, mes filles sont assez polies ; mais c'est ma nièce de Beauharnois qui est ma meilleure écolière en fait de politesse ! Toutes ses manières sont remplies d'une dignité douce, image de son âme ; elle est prévenante, affectueuse, affable ; personne ne s'entend mieux qu'elle à rapprocher les distances, mais sans les confondre, et son cœur n'aime à les franchir que lorsque le mérite en fait une obligation. Je ne pense pas qu'un seul mot qui puisse affliger soit jamais sorti de sa bouche, et je puis témoigner que son cœur ne s'est jamais fatigué d'obliger. Si elle avait eu le bonheur d'épouser un homme que l'on pût aimer, la coquetterie littéraire ne serait pas venue se mettre de la partie ; les illusions n'auraient jamais altéré sa raison naturelle, et la personne la plus parfaite de la terre aurait été la Comtesse de Beauharnois, sans restriction.

Je ne l'ai jamais vue s'impatienter qu'une seule fois, et c'était dans le jardin du Luxembourg qui a toujours été l'endroit aux aventures. Il arrive une manière de joli-cœur qui s'établit derrière nos chaises et qui nous attaque de conversation. Il me paraît si merveilleusement sot, que je le pousse de bêtises, et le voilà qui nous dit qu'en sa qualité d'étudiant en médecine, il était reçu dans toutes les premières maisons de Paris. Il nous demanda si nous connaissions Mme de Quibusc et Mme de Radimáton, (nous nous sommes toujours souvenues de ces deux noms-là), et comme nous ne pûmes pas lui répondre affirmativement, ceci lui donna la plus mince idée de notre usage du grand monde. — Il y a encore, nous dit-il en ricanant, une jolie Comtesse, une femme charmante pour qui j'ai fait des vers, et qui m'a répondu par d'autres vers où l'on voit combien la Comtesse a été flattée de mon hommage ; c'est la Comtesse de Beauharnois, dont vous aurez sans doute entendu parler....... une femme très riche, et c'est bien la meilleure petite femme......

— Vous ne connaissez pas la personne dont vous parlez, lui dit-elle sans se retourner, mais avec un accent d'émotion qui m'effraya ! Mme de Beauharnois n'est pas si riche !... et sachez qu'elle n'est pas assez bonne pour excuser de plats mensonges......

— C'est précisément à côté de Madame la Comtesse de Beauharnois, repris-je en l'interrompant, que vous êtes venu débiter vos confidences, ayez la bonté de passer votre chemin.

Je n'ai jamais vu colère semblable à celle de Mᵐᵉ de Beauharnois, et c'était pourtant la chose du monde la plus facile à prévoir et la plus inévitable pour elle. C'était justement là ce que devait lui rapporter l'insertion de son nom dans les Almanachs des Muses et les Chansonniers des Grâces !

Avez-vous jamais entendu parler de Cauchemar? C'est qu'il y avait alors par le monde une appréhension cruelle avec une fameuse histoire de cauchemar en circulation. Il y avait deux ou trois ans que la Duchesse de Devonshire éprouvait toujours le même cauchemar : c'était l'apparition d'un horrible singe qui sortait brusquement de sous terre, et qui venait l'arracher de son lit aussitôt qu'elle avait fermé les yeux. Avant de lâcher son bras droit, car c'était toujours par là qu'il la saisissait, et avant de l'étendre sur le dos au milieu de la chambre, il avait pris l'habitude de lui pousser, avec une patte de son train de derrière, un coussin de pied sous les reins ; et quand elle était dans cette posture, il sautait sur sa poitrine, il y restait immobile et accroupi en étalant ses vilaines mains sur ses deux bajoues, et lui mirant le fond des yeux jusqu'à son réveil. Voilà comme elle passait toutes ses nuits, cette malheureuse Anglaise. Elle en était tombée dans un état de langueur et de consomption pitoyable : aucun médecin ne pouvait la débarrasser de ce cauchemar, et Tronchin lui-même avait fait le voyage d'Angleterre inutilement.

— Les cauchemars *persistans* proviennent souvent de l'abus du magnétisme, disait Cazotte (1). Ils peuvent aussi résulter du magnétisme mal administré; ce ne sont pas des incrédules ou des matérialistes qui peuvent guérir cette maladie-là. Ce n'est pas ce qu'on croit...; et comme il ne répondait jamais aux questions qu'on pouvait lui faire, on n'en savait rien de plus.

On fut quelque temps sans voir Cazotte; on apprit qu'il avait passé huit jours à Londres, et Mme de Devonshire écrivit à Paris qu'elle était guérie radicalement.

Mme de Beauharnois changeait et dépérissait à vue d'œil. — Ce n'est rien disait-elle à ses parens et ses amis qui s'en inquiétaient; et quand on la pressait de répondre, et qu'elle avait commencé par s'en amuser, elle finissait par en pleurer d'impatience..... — En vérité lui disais-je, on ne vous reconnaît plus, et je ne conçois rien à ce que vous avez.

— Si je vous le disais, me répondit-elle en souriant, j'en serais honteuse !

— Parlez-moi franchement, ma chère, ou je ne

---

(1) Jacques Cazotte, auteur du poëme d'*Olivier*, du *Diable Amoureux* et autres charmans ouvrages, né à Paris en 1720. Après avoir été sauvé miraculeusement du massacre des prisons, il fut condamné par le tribunal révolutionnaire, et monta courageusement sur l'échafaud de la barrière du Trône en 1795. (*Note de l'Auteur.*)

croirai plus à votre amitié. « Peut-on cacher son cœur aux cœurs qui sont à nous? »

La maladie qu'elle éprouvait était un cauchemar aussi persistant que celui de la Duchesse de Devonshire, et ce n'était certainement pas à l'usage ou l'abus du magnétisme qu'on pouvait l'attribuer, car elle avait des magnétiseurs une crainte mortelle, une horreur invincible; et je me servirais du mot d'exécration s'il ne faisait pas disparate avec un caractère aussi tempéré que le sien. Je vous affirme qu'elle a toujours été de la sincérité la plus candide; ainsi n'allez pas soupçonner celle de son récit, où je tâcherai de ne rien omettre, et où vous pouvez être assuré que je n'ajouterai rien.

Aussitôt que ses femmes étaient sorties de sa chambre à coucher et que les rideaux de son lit avaient été fermés, elle éprouvait une oppression fiévreuse; elle ne manquait pas de sonner, et personne ne venait. Elle entr'ouvrait ses rideaux pour ne pas étouffer, et voici l'étrange illusion dont elle était obsédée.

Elle apercevait d'abord un brasier des plus ardens qui remplissait l'âtre de sa cheminée. Elle entendait ouvrir les deux battans d'une porte qui communiquait de sa chambre à son second salon, et puis elle entendait tousser en fausset avec une opiniâtreté criarde.

Il arrivait premièrement dans sa chambre une femme très grande et misérablement vêtue, dont les sales jupons étaient rongés inégalement jusqu'à mi-jambes, et dont la tête était couverte d'un bavolet de grosse toile écrue, ce qui n'empêchait pas de voir qu'elle avait des cornes au front. Ces deux cornes de la femme n'étaient pas plus longues que le doigt, comme celles des génisses; elles n'étaient pas acérées, et même il y en avait une plus courte que l'autre et qui paraissait avoir été cassée, rompue, brisée violemment. Quoi qu'il en fût, cette vilaine personne allait tout de suite attiser le feu sans avoir l'air de s'occuper d'autre chose; il paraît que c'était son unique emploi dans le cauchemar, et c'est pourquoi la Comtesse avait tout le temps de la regarder. Il se trouvait dans la chambre et principalement autour de son lit, une légion d'horribles figures qui se transformaient silencieusement en choses informes, et qui se reproduisaient sous une autre image en changeant continuellement d'apparence et de dimension ; mais ce qui la tourmentait le plus, c'était cette malheureuse toux qu'elle entendait hors de la chambre et dont elle avait déjà si souvent et et si tristement expérimenté l'inconvénient pour elle.

Le héros de ce drame nocturne était un petit monstre d'enfant qui avait la coqueluche, qui toussait comme un diable enrhumé qu'il était, et qu'on finissait par amener dans cette chambre à pas comptés, avec des airs de grande importance et des précautions infinies. Il était conduit par un diable de médecin qui ressemblait de visage à Mme de Beauharnois, la douairière, et son escorte était composée d'une foule de démons qui lui faisaient des caresses et des tendresses à n'en pas finir. Parmi tous ces farfadets de l'escorte, il n'y avait pas de ces figures monstrueuses comme celles qui tapissaient le fond de la chambre, mais c'étaient des physionomies si diablement bêtes, si sottement adulatrices et si platement flagorneuses que le désespoir en prenait ! Le jeune valétudinaire qu'on asseyait au coin du feu sur un coussin d'ottomane, avait la taille d'un enfant de cinq à six ans ; il avait toujours un habit de taffetas bleu de ciel : il était bouffi comme un abcès, mais très pâle ; sa tête était prodigieusement grosse, il avait des cheveux roux qui étaient relevés à racines droites, et l'on voyait sur son front deux germes de cornes qui ressemblaient à des coquilles d'escargot.

Il y avait toujours entre les familiers de ce petit monstre et son docteur (qui ressemblait à la Marquise de Beauharnois) il y avait régulièrement tous les soirs une dissertation bruyante avec des pourparlers très animés dans un langage inintelligible et qui n'étaient interrompus que par les accès de colère et les quintes de toux de ce petit coquelucheux. Il en résultait toujours une sorte de tumulte et de chaos fantastique, au milieu duquel on venait arracher la Comtesse de Beauharnois de son lit. Il y avait alors une manière de géant à barbe blanche qui la soulevait par les cheveux et qui la laissait retomber rudement jusqu'à terre en la maintenant toute droite, et ceci jusqu'à ce qu'elle eût ployé les genoux. Alors on lui relevait les jambes en arrière, ce qui lui disloquait les jointures et la faisait cruellement souffrir dans les deux articulations génuflexiles ; ensuite de quoi l'on attachait fortement ses jambes relevées avec une petite chaîne à tourniquet dont on lui faisait une ceinture. On n'omettait jamais de lui placer ses deux mains sur les hanches, en ayant soin de lui écarter les bras du corps afin de les arrondir en forme d'anses, et puis, on enfonçait brutalement et très inhumainement dans son gosier des oignons blancs, des racines de guimauve, des bâtons de réglisse, des paquets de chiendent, des quartiers de pommes et des monceaux de figues sèches. On y ajoutait du miel roux et du miel de Narbonne, qu'on lui faisait entrer dans la bouche et la gorge avec des spatules de bois, et puis c'était de grosses poignées des quatre-fleurs qui l'étouffaient plus que tout le reste, disait-elle, et son supplice n'était un peu soulagé que lorsqu'on en venait à lui faire avaler une énorme quantité d'eau froide au moyen d'un entonnoir de ferblanc.

Mais voici le Diable qui battit Job! En la prenant par ses deux anses, ainsi qu'une demoiselle de paveur, car on n'a jamais vu cafetière de sa taille, et de cette contenance, on allait la mettre au feu pour y bouillir pendant toute la nuit comme un coquemard de tisanne..... — Non, disait-elle en gémissant et pleurant du souvenir de ses tortures, au travers de ses rires, — Non, jamais on n'a souffert un martyre semblable à celui que j'éprouve toutes les nuits! Il me semble aussi que je m'entends rugir de douleur et que la grande femme se met à dire : — Allons donc, on est trop heureuse de souffrir pour ce bel ange! Il y a quelquefois des dissertations de cet indigne médecin qui me révoltent, et c'est quand il entreprend de démontrer à tous ces démons, qui en rient aux éclats, que je ne dois pas souffrir autrement qu'une bouilloire, et que je ne suis pas plus à plaindre qu'un autre coquemard, par la raison, leur dit-il, que je porte en moi la quantité voulue de liquide, afin de ne pas me *torréfier* · — Ah ! si je ne l'avais pas fait pourvoir du volume d'eau requis par les lois de la physique afin d'éviter la *dessiccation* complète, à la bonne heure! elle aurait sujet de se plaindre; mais vous savez que les vases remplis de liquide ne sauraient être détériorés par l'action du feu.... Enfin c'est pour en éclater de fureur, fût-on devenue cruche de terre ! et c'est cet infernal pédant qui me tourmente le plus, sans compter qu'il ressemble à ma belle-mère, à s'y tromper!

— Est-il possible, lui demandai-je, est-il bien vrai, que vous puissiez faire un si bizarre et si fâcheux rêve avec une régularité si surprenante?

— Je vous l'assure! me dit-elle, tous ces détails incroyablement ridicules et ce long verbiage au sujet de ce que je crois éprouver, entendre et voir, est d'une exactitude parfaite, et c'est absolument le même rêve avec les mêmes souffrances pour moi toutes les nuits. Vous savez que je ne fais jamais d'histoires ; vous voyez combien je suis abattue d'un pareil régime, et j'en souffre si cruellement que je ne veux plus me coucher.

Cazotte avait fini par la délivrer de ce cauchemar, et tout ce qu'elle avait connu du remède employé par lui, c'est qu'il avait proféré certaines formules de prières en lui touchant les mains. Mais elle m'a dit ces jours passés que depuis la mort de Cazotte elle avait éprouvé d'autres obsessions qui n'étaient pas moins fatigantes pour elle, et c'est à la suite de cela qu'elle a pris cette habitude de dormir sur un fauteuil, habitude où l'on veut absolument trouver une sorte de manie, mais dont je ne saurais certainement la désapprouver !

Je l'ai trouvée bien établie dans un grand appartement de l'hôtel de Lorges, rue de Sèvres, et nous nous sommes revues avec un attendrissement bien partagé. Elle en a éprouvé tant d'émotion qu'elle en est restée saisie, ses mains dans les miennes, et sans pouvoir me parler, en me regardant avec les larmes aux yeux pendant sept à huit minutes. Elle ne m'a paru ni très changée ni beaucoup vieillie. Elle a consacré sa coiffure et ses habits à la mode de 89. Elle se tient dans un boudoir tout en glaces au bout d'un salon doré, lequel est tendu de cramoisi frangé d'or, absolument comme avant la révolution. — Vous êtes restée bien magnifique! — Je vis de mes provisions : est-ce que j'aurais la contrariété d'apprendre que vous eussiez acheté des meubles en bois d'acajou ? — Ne craignez donc pas, et ne me connaissez-vous point ? l'acajou me paraît si froid et si sombre qu'il m'attriste à voir, et je crois qu'il m'enrhume ? Enfin des niaiseries, des vieilleries, de bonnes petites causeries de l'ancien temps, comme des pensionnaires qui se retrouvent ; et puis, comme vous pensez bien, de lamentables paroles et des souvenirs déchirans sur la destinée de nos princes, et la perte de nos amis !

Elle m'a dit que la V^{sse} de Beauharnois était devenue l'intime amie de Mme Tallien, et qu'elle avait épousé le général Buonaparté, ce qui lui faisait bien de la peine à cause des enfans du Vicomte, son neveu. Au reste, on n'a jamais à risquer de rencontrer celle-ci chez la Comtesse, attendu qu'elles ne sont pas en relation plus intime et plus suivie qu'avant la révolution. Elle avait à dîner ce jour-là Madame et Mesdemoiselles de Rohan, la Duchesse de Villeroy, ma bonne et sainte amie la C^{sse} d'Hautefort, et je ne sais combien d'Altesses étrangères. Les hommes que je vis arriver chez elle avant mon départ étaient le Prince Ferdinand, le Prince Camille, MM. de Roquelaure, de Boufflers, Delille, de Pougens, de Laval, de Cossé-Brissac, et le surplus des convives était composé de plusieurs jeunes gens qui me parurent avoir de la politesse et de la distinction dans l'esprit.

— Et le Chevalier de Cubières-Palmezeaux? lui dis-je à l'oreille; on m'a dit qu'il était insupportablement ennuyeux, et que vous devriez avoir la complaisance de fermer votre porte à ce poète crotté.

— Vous pouvez ajouter *indécrottable*, me répondit-elle à voix basse, mais écoutez ce que je dois vous en dire : Il m'a sauvé la vie en 93, il a vendu son dernier contrat de rente pour acheter et payer ma mise en liberté; il n'a jamais voulu souffrir que je le rembourse, et comme il est resté sans aucune ressource, je lui donne une chambre; il mange ici quand il en a la volonté, et quand il est en fantaisie d'aller dîner ailleurs que chez moi, je ne m'en plains pas; mais je ne l'en chasserai jamais, comme vous pouvez croire? Voilà toute mon histoire avec M. Dorat-Cubières, à moins d'ajouter charitablement pour nous deux, qu'il a soixante et dix ans révolus, et que j'en aurai soixante-six au mois de février prochain.

Le Marquis de Cubières, Ecuyer du Roi, est un honnête homme d'esprit, ainsi qu'il appert des *Actes des Apôtres* où il a fait beaucoup d'articles. Son frère, le Chevalier de Cubières, Ecuyer de Mme la Comtesse d'Artois, a toujours eu la manie de rimer en dépit de Minerve, et je me souviens de ce qu'en l'année 1790, il avait eu la bonté de me dédier et de m'envoyer une Héroïde qu'il avait composée pour moi, et que j'ai toujours fait semblant de n'avoir jamais reçue; je me rappelle aussi qu'il voulait intenter un procès à mon suisse, à raison de ce qu'il aurait perdu ce beau paquet qu'il m'avait adressé de Versailles, et *franc de port,* ajoutait-il, sous le cachet de Mme la Comtesse d'Artois ! voilà qui méritait les galères, à son avis ; mais la rigueur et l'exigence de son humeur aristocratique ne l'ont pas empêché d'entrer en 92 au conseil de la *Commune,* où, du reste, il a servi beaucoup d'honnêtes gens du mieux qu'il a pu. C'est un pauvre homme absolument dénué de courage, et que la peur de la guillotine avait terrifié. Pour imiter tout doucement les Brutus et les Scévola des sections de Paris, il avait cru faire merveille en accolant à son nom celui de feu M. Dorat ; voyez la belle recommandation auprès des Montagnards?

— Mais, Monsieur, lui disait bonnement Mme de Beauharnois, comment se fait-il que vous puissiez composer, prendre la peine d'écrire et faire imprimer, corriger en épreuve et avoir le courage de publier des vers pareils à ceux-ci .

« Il n'est pas d'homme riche et même d'indigent,
« Qui n'ait lu la Henriade et qui n'en soit bien aise !
« Sans la philosophie, on n'est qu'un animal.
« On croit faire du bien, on ne fait que du mal ! »

Voilà, je vous assure, une marque d'aveuglement, et permettez-moi de vous dire, une témérité que je ne conçois pas ! C'est de la poésie comme on en fait dans la famille Necker, et je vous demande excuse pour la comparaison.

Le Chevalier de Cubières n'a, je crois, jamais dit qu'une jolie chose en toute sa vie, et c'était à souper chez Mme de Staël (en tête-à-tête et pendant sa jeunesse). Elle n'avait à lui donner que des cotelettes et des rognons de mouton, un gigot de mouton qui n'était pas des plus tendres, et finalement des œufs brouillés dans le jus du mouton rôti. Pour le dessert, il se mit à lui chanter :

« Églé me croit berger. »

Mon Dieu, mon enfant, en m'asseyant ce matin devant mon pupitre, je me demandais ce que j'allais trouver à vous dire en attendant l'assemblée des Notables ? il me semblait que je vous avais conté bien des choses, mais vous voyez que si je laissais courir ma plume elle ne manquerait pas de matière, et je crois véritablement que j'en mourrais à la peine avant d'arriver jusqu'à la révolution ?

CHAPITRE II.

Mme de la Mothe. — Éducation de cette aventurière, sa généalogie, sa famille et son frère le Baron de St. Remy. — Immensité des charités de l'Archevêque de Paris, Christophe de Beaumont. — Mot d'une femme du peuple à ses funérailles. — Mme de la Mothe à l'hôpital. — La sœur Victoire. — — Un libelle par l'auteur de Faublas. — Mot de M. de Bièvres à Mme de la Mothe. — La famille des Comnène — Opinion de l'auteur sur leur généalogie. — Les juifs, les Maniotes et les Corses. — Harangue du cardinal de Bausset à Madame Élisabeth. — Embarras des finances et convocation des notables. — Compte rendu de M. Necker après sa sortie du ministère.

Mme de la Mothe, cette femme faussaire et filou, cette impudente et criminelle voleuse dont je vous ai détaillé les principaux méfaits, avait été élevée par la charité de cette bonne Mme de Boulainvilliers, dont j'ai dû vous parler à propos du Comte de Sade? Je me souviens que celle-ci m'était venue proposer de contribuer à cette bonne œuvre, et que je donnai quelques louis pour être employés au trousseau de cette Demoiselle de Valois, qu'on allait mettre en pension à l'abbaye de Longchamps. Ce grand nom de Valois avait interressé Mme de Boulainvilliers pour cette jeune fille et pour son frère qui était un simple matelot. M. d'Hosier, le juge d'armes, eut l'obligeance d'examiner les papiers de leur famille, que l'on avait eu la charité de retirer de chez un procureur qui les retenait en nantissement d'une somme de deux à trois mille livres, à lui due par la succession de leur père. Il fut prouvé que cette famille tirait son origine d'un Charles de Valois, Baron de Saint-Remy, lequel était fils naturel de Charles IX. Il y avait eu successivement dans leur ascendance une suite de prodigues et d'insensés qui s'étaient laissé réduire à l'aumône; mais, comme la Baronnie de Saint-Remy leur était substituée à perpétuité de filiation masculine, il y aurait eu de la ressource avec toute autre personne que leur père, lequel était un joueur, un escroc et un dénaturé.

L'Archevêque de Paris (M. de Beaumont) avait répondu de trente-six mille livres qu'il fallait de prime-abord à ce M. de Saint-Remy pour opérer la libération de sa terre; mais, quand M. l'Archevêque apprit qu'il ne s'en était servi que pour emprunter justement la même somme, et qu'il avait été la dissiper sans avoir eu l'air de songer à l'arrangement de ses affaires, il ne voulut plus entendre parler de ce débauché. On a supposé qu'il était parent de MM. de Beaumont, et ceci n'est pas vrai. Certaines personnes ont prétendu que M. l'Archevêque n'aurait pas dû l'abandonner à son malheureux sort; et voyez la belle exigence de ces bonnes âmes! M. l'Archevêque avait un peu plus de cinq cent mille livres de rente, tant par les biens territoriaux et les droits féodaux de son siége, que par ceux des abbayes qu'il possédait en commande. Il en prélevait annuellement quatre cent trente mille livres, afin de les distribuer en bonnes œuvres, et l'on n'était pas content! mais ce n'était pas cette sorte d'iniquité qui l'affligeait. Votre bonne Dupont n'aura pas manqué de vous raconter comment elle avait conduit Mme Roland, sa nièce, aux funérailles de ce grand Prélat. — *Ce pauvre Monseigneur!* disaient des femmes du peuple en le regardant sur son lit de parade, *si on lui demandait un louis d'or, ça serait capable de le faire revenir.....* On s'amusait un jour à calculer que depuis son entrée dans l'épiscopat jusqu'à l'époque de sa mort, il avait dû lui passer par les mains, sans qu'il en restât rien à ses doigts, environ deux cents millions de livres tournois. Il aimait tendrement son neveu qui n'a pas douze mille livres de rente, et voilà sa plus belle oraison funèbre.

Aussitôt que Mademoiselle de Saint-Remy-Valois avait pu dérouler sa belle généalogie, elle avait obtenu deux pensions sur la cassette de la Reine et celle de Mesdames; et de plus, M. de Penthièvre avait fait placer son frère en qualité d'enseigne de marine, avec une pension de cinquante louis sur les fonds de l'amirauté. Il a toujours été fort bon sujet, et à l'époque du procès de sa sœur, il était déjà lieutenant de vaisseau.

Après cette infâme exécution de la marque, du fouet et de l'amende honorable, vous pensez bien que ce malheureux jeune homme a dû quitter le service du Roi; mais notre bon Duc de Penthièvre n'en a pas moins continué de lui faire payer une pension de quinze cents livres, avec laquelle il est allé vivre en Corse, où l'on n'y regarde pas de si près. Je vais avoir à vous parler de la Corse à propos d'extraction royale, mais pour en finir sur Mme de la Mothe, il me reste à vous conter une équipée de Mmes de Bayes, de Tott et de Blot, qui s'en allèrent à l'hôpital de la Salpêtrière, sous prétexte de visiter ce bel établissement, et qui voulaient absolument qu'on leur fît voir Mme de la Mothe. Sœur Victoire, la Supérieure, avait commencé par éluder leur proposition, mais Mme de Blot revenant à la charge et disant qu'elle était Dame de Mme la Duchesse de Chartres, la Religieuse lui répondit judicieusement que c'était une raison de plus pour être charitable, et qu'elle ne saurait lui faire montrer la personne en question. — Mais pourquoi donc pas, ma bonne Sœur?.... — Madame, elle n'a pas été *condamnée* à cela.

On a débité que cette réponse de la Sœur Victoire avait été faite à la Princesse de Lamballe, qui n'a de sa vie mis les pieds à l'Hôpital Général. « Et voilà justement comme on écrit l'histoire ! »

Cette impudente aventurière était si profondément corrompue, qu'elle avait entrepris de soulever, à force d'arrogance, un poids d'infamie dont elle aurait dû gémir dans l'accablement. Il ne fut pas difficile de la conquérir pour le Duc d'Orléans et de l'enrôler sous la bannière du Palais-Royal ; aussi quand elle eut achevé son temps de prison, on apprit qu'elle osait parler de la Reine avec une insolence intolérable. On rapporta que M. de Bièvres, qui la connaissait de longue date et qui fut choqué de son outrecuidance, avait été lui dire, aux galeries du Palais de Justice; — Qu'est-ce que vous venez faire ici? Soyez donc prudente, et tâchez de ne pas vous faire *remarquer*. On a fait imprimer en Angleterre un affreux libelle contre la famille royale, et sous le nom de cette femme, mais on a su qu'il avait été composé par un écrivain gagiste du Palais-Royal, appelé Louvet de Couvray (1).

A propos de l'île de Corse, je vous dirai qu'on avait parlé d'une famille qui prétendait avoir le droit de faire revivre le nom de Comnène. On commença par dire que cette fumée d'ambition pouvait être soufflée par M. Gravier de Vergennes, attendu qu'une demoiselle phanariote, qu'il avait épousée pendant son ambassade à Constantinople, avait, je ne sais comment, des rapports d'alliance ou de parenté avec cette famille corse dont il est question.

Suivant ces nouveaux Comnène, ils auraient été les descendans du dernier Despote de Trébisonde; ils auraient été s'établir pendant plusieurs générations avec les Maniotes, autrement dit les brigands de Mania, qui sont les plus infâmes coupe-jarrets du Péloponèse. Chérin n'augurait pas bien de leurs preuves, attendu que de Maniotes, ils étaient devenus Corses, et que, du reste, il résultait visiblement du petit nombre de papiers qu'ils produisaient, qu'ils n'avaient jamais porté d'autre nom patronymique que celui de *Stephanopoulo*, ce que Chérin traduisait tout simplement par *fils d'Etienne*.

(1) Jean-Baptiste Louvet, auteur du roman de *Faublas*, et membre de la Convention, né en 1761, mort à Paris en 1798.

Chérin disait aussi que la raison pour laquelle l'île de Corse est si magnifiquement pourvue de grands noms italiens, est une suite de la persécution qu'on avait exercée contre les juifs d'Italie pendant l'année 1445 et les suivantes.

Il paraît que la plupart de ces Hébreux, qu'on avait décidés ou forcément obligés à recevoir le baptême, étaient allés se réfugier en Corse, à peu près vers le milieu du quinzième siècle, et qu'ils continuèrent à y porter les noms et les armes de Colonna, d'Orsini, Doria, Feretti, Buona-Parte, Fieschi, et autres vieux noms chrétiens qui leur avaient été concédés suivant l'usage du temps et du pays, par les personnages de ces anciennes familles qui leur avaient servi de parains. C'est par la même raison qu'on voit encore aujourd'hui tant de juifs portugais se trouver en possession des noms du Costa, Pinto, Cappadoce et Ménézès, par exemple. Il paraît aussi que tous ceux des réfugiés en question, qui s'opiniâtrèrent à judaïser en Corse, y furent exterminés par les indigènes; mais il faut espérer que ceux de leurs descendans, qui s'y perpétuent, ont fini par embrasser le christianisme en réalité?

Je ne sais trop ce qu'il arriva des manœuvres de M. de Vergennes ou des recherches de M. Chérin; mais toujours fut-il que ce M. Stephanopoulo eut l'honneur d'être présenté au Roi sous le nom de Comte Comnène. On était déjà trop occupé des affaires du royaume et de la noblesse de France, pour s'intéresser à un pareil débat entre le patriciat de l'empire d'Orient et la noblesse de l'île de Corse;

on trouva plus expédient de se moquer que d'examiner la généalogie publiée par ce gentilhomme ; et du reste, autant que je puis m'y connaître, elle était loin d'être satisfaisante pour lui. Mais, comme le nom qu'il revendiquait ne pouvait lui donner aucune prérogative de rang ; comme la chose ne pouvait porter aucun préjudice à nulle famille de France, et surtout, comme il n'appartenait à personne de faire poursuivre un prétendant grégeois en usurpation de nom et d'armes, on lui fit bonne composition de l'obligeance de M. de Vergennes ; et voilà tout ce qu'il en fut. Ce Comte Comnène avait un frère ecclésiastique et d'une conduite parfaitement régulière ; ce qui, nous disait-on, doit être remarqué dans un prêtre corse. Je suis persuadée que l'Abbé Comnène était, dans cette prétention, de la meilleure foi du monde ; mais on n'en disait pas, autant de l'aîné. Je ne voudrais pourtant pas décider sur une prétention que je n'ai peut-être pas bien examinée, parce qu'elle était sans importance ; mais je vous avouerai que ces quatre ou cinq générations, au milieu des brigands, ne sauraient m'inspirer plus de confiance que de vénération. On trouvait que c'était bien assez d'être Corses, sans avoir été Maniotes (1).

(1) Je demandais un jour à Chérin comment il se faisait que ces deux Stéphanopoulo n'eussent pas eu la précaution d'arranger leurs armoiries en conséquence de leur prétention bysantine. — Madame ! est-ce que vous connaîtriez les armes des anciens Comnène ?... — Eh ! vraiment oui, mon fils les a dans ses archives, appliquées sur une bulle d'or, et c'est précisément cette bulle qui confère à tous les Créquy la Philocratie de l'Em-

Je ne sais si je vous ai dit que dans les finances du royaume il y avait de l'embarras, si ce n'est du désordre, et quand on eut renvoyé M. Necker après les dix-huit mois de son désastreux ministère, on imagina de convoquer les Notables du royaume, afin de leur demander leur avis sur la nature des remèdes appropriés à nos maux ; il ne s'agissait pourtant que de faire des économies, et personne ne pouvait les indiquer aussi pertinemment que ceux qui recevaient et dépensaient les deniers de l'État ; mais depuis la *liberté de la presse*, aucun ministre ne voulait prendre sur lui d'opérer des retranchemens dont l'effet naturel aurait été de lui susciter des ennemis. On visait à la popularité générale ; on craignait l'effet des brochures ; on espérait pouvoir s'étayer des Notables, et l'on comptait présenter certaines mesures économiques, comme étant la conséquence forcée des résolutions délibérées en dehors du conseil. Voilà quel était le mobile de cette résolution désespérée ; mais quand l'esprit des révolutions a germé dans les empires, il y creuse un abîme où la fatalité les pousse inévitablement.

---

pire d'Orient. — Rien n'est devenu si rare que les chartes du Bas-Empire, les Turcs en ont tant détruit, me dit Chérin, et vous rendriez grand service à ces messieurs en leur communiquant celle-ci. Je ne demandais pas mieux ; mais votre père ne le voulut pas. Cette charte est de l'Empereur Jean II, en l'année 1140, et les armes de Comnène y sont formées d'un aigle éployé, mi-parti d'une croix, laquelle est cantonnée des quatre initiales basiliques. Les armes du Comte Comnène diffèrent essentiellement de celle-ci, et je m'étonnerais que des *Porphyrogénètes* n'en eussent pas conservé la tradition.

(*Note de l'Auteur.*)

La composition des prétendus Notables était parfaitement d'accord avec le motif de leur convocation. Il ne s'y trouvait que six Ducs et Pairs et cinq Prélats; et dans la liste des Maires de ville au nombre de vingt-quatre, on fut obligé de se passer du Maire de Cognac qui s'en excusa de la manière suivante auprès du Baron de Breteuil : — « Monsei« gneur, j'ai reçu la lettre close que vous m'aviez « fait l'honneur de m'adresser de la part du Roi, « à cette fin de me trouver à Versailles à l'assemblée « du 29 janvier, en cette présente année 1787. Je « vous prie de dire à Sa Majesté que je suis bien « flatté de son choix, mais que je ne puis le rem« plir parce que j'ai des paiemens considérables à « faire le 30, et je vous prierai de me marquer si « je ne pourrais pas me faire remplacer par mon « premier commis, qui est un homme de sens « et qui a la signature. Il est inutile de vous dire « que j'ai en lui toute confiance. J'espère au sur« plus, Monseigneur, que tout se passera bien, et « que nos eaux-de-vie et nos farines n'en souffri« ront pas? ».

On persiffla d'abord et puis on siffla MM. les Notables, et véritablement je ne me rappelle rien qui mérite souvenir ou qui puisse faire honneur à leur assemblée, si ce n'est le discours qui fut adressé par M. de Bausset, Évêque d'Alais, à Madame Elisabeth de France, en lui remettant le cahier des états de Languedoc (1). — « Madame y

---

(1) Louis-François de Bausset, ancien Évêque d'Alais et Cardinal de la Sainte-Église Romaine. C'est à cet illustre écrivain

« disait-il à cette aimable et sainte Princesse, si la
« vertu descendait du ciel sur la terre, si elle se
« montrait jalouse d'assurer son empire sur tous
« les cœurs, elle ne manquerait pas d'emprunter
« les traits qui pourraient lui concilier le respect
« et l'amour des mortels.

« Son nom annoncerait l'éclat de son origine et
« de ses heureuses destinées : elle se trouverait
« placée sur les degrés du trône. Elle porterait sur
« son front l'innocence et la candeur de son âme.
« La douce et tendre sensibilité serait peinte dans
« ses regards, les grâces touchantes de son jeune
« âge prêteraient un nouveau charme à toutes ses
« actions et à tous ses discours. Ses jours, purs et
« sereins comme son cœur, s'écouleraient au sein du
« calme et de la paix que la vertu seule peut pro-
« mettre et peut donner. Indifférente aux hom-
« mages, aux honneurs, aux plaisirs dont sont
« environnés les enfans des Rois, elle en connaî-
« trait la vanité ; elle n'y placerait aucune idée de
« félicité durable ; elle trouverait un bonheur plus
« solide et plus vrai dans les charmes de l'amitié ;
« elle aurait soin d'épurer au feu sacré de la reli-
« gion ce que tant de qualités précieuses auraient
« pu conserver de profane. Sa seule ambition serait
« de rendre son crédit utile à la vertu malheureuse,
« à l'indigence, à la souffrance du pauvre ; sa

que la France et la religion doivent les deux excellens ouvrages
intitulés : *Vie de Fénélon et de Bossuet*. M. le Cardinal de
Bausset est mort à Paris en 1826, âgé 78 ans.

(*Note de l'Éditeur.*)

« se le inquiétude, de ne pouvoir dérober le secret
« de sa vie à l'admiration publique ; et dans cet
« instant même, où son humilité ne lui permet pas
« de fixer ses regards sur sa propre image, elle
« ajoute, sans le vouloir, au nouveau trait de res-
« semblance entre le modèle et le tableau.. »

M. Necker ne pouvait négliger aucune occasion de se mettre en scène ; il ne manqua pas de vouloir profiter d'une circonstance où l'on avait à parler finances, et le moyen qu'il imagina fut de publier un mémoire qu'il avait composé pour *éclairer* le conseil de S. M ; il y joignit je ne sais quels tableaux financiers qu'il intitula *Compte rendu* de son administration, et vous imaginez ce que pouvait être u.i écrit de M. Necker sur M. Necker ! Il osa faire imprimer et distribuer ce document sans en demander l'autorisation du Roi dont il avait été le ministre ; il avait, disait-il, à ménager sa réputation de capacité financière ; il appelait ceci *ma Renommée*, cet homme des quatre règles, ce personnage à crédit, ce traficant d'escomptes ! et les explications qu'il daignait opposer au blâme universel étaient d'une impertinence inouïe. Ce n'était pas seulement l'orgueil encyclopédiste et protestant qui vous y choquait, c'était une sorte d'importance à la Turcaret et de fatuité juive. Ce fut alors que les partisans de M de Maurepas, ce vieillard frivole qui n'eut d'autre énergie que celle de sa rancune contre Louis XV, qui n'avait rétabli les anciens parlemens que pour remettre en question ce qui se trouvait decidé, et qui s'était fait un jeu de contrarier la sagesse et les grandes vues de M. Turgot ; ce fut alors que les approbateurs de M. de Maurepas durent s'apercevoir à quel homme et dans quelles mains il avait livré les secrets de l'État, les intérêts de la Couronne, et malheureusement, le repos de la France !

CHAPITRE III.

Les Polignac et les Chalençon. — La Comtesse Diane et les Dames-à-brevet. — La Comtesse Jules, depuis Duchesse de Polignac. — Parallèle et portraits de ces deux Belles-Sœurs. — Révélation du *livre-rouge* — Bienfaits de la cour enver les Talleyrand. — Chiffre de leurs appointemens ou pensions en 1790. — 60 mille francs assignés pour l'éducation de MM. de Lameth, et payés par la couronne. — Anecdote et citation littéraire de la Comtesse de Boufflers. — Ignorance de M. de Vaudreuil, et méprise de certains courtisans. — Explication donnée par Louis XVIII. — Couplet adressé par ce prince à Madame Elisabeth, sa sœur. — M. Papillon de la Ferté. — Sa dispute avec le poëte Sedaine. — Audience de la Reine, et sa réponse à M. le directeur des *Menus*. — M. de Sèze, et son début au barreau de Paris. — Succès qu'il obtient devant le Châtelet et scène judiciaire en 1784.

Les Vicomtes de Polignac, en Auvergne, étaient de grands seigneurs, dont la branche aînée tomba de lance en quenouille à la fin du XVme siècle, époque ou l'héritière de cette maison voulut opiniâtrément se marier avec un gentilhomme de sa province, appelé M. de Chalençon. On dit présentement qu'il n'était pas de naissance inférieure à celle de sa femme, et voilà qui n'est pas facile à croire, attendu que l'histoire de France ni les chroniques du pays ne disent rien du tout de ces Chalençon, et surtout parce que ce gentilhomme auvergnat ne manqua pas d'échanger son nom contre celui de Polignac, et qui dénote assez qu'il y trouva quelque profit nobiliaire. Ceci fut au détriment des collatéraux du dernier Vicomte, et parce que la possession successive de sa vicomté n'était pas soumise au régime salique. A raison de plusieurs motifs que je ne saurais détailler ici, les généalogistes anciens et modernes ont toujours estimé que ces Vicomtes de Polignac et du Vélay devaient être issus de race gauloise, et c'était dans tous les cas une des plus antiques et des plus nobles familles de la chrétienneté. Il existe encore un ou deux rejetons de cette vieille souche, et le Marquis de Polignac dont j'ai dû vous parler à propos de la famille d'Orléans, était devenu l'aîné de ce rameau, lequel est positivement extrait de l'ancienne tige de Polignac. Il était de vos parens par les Blanchefort; il a laissé des enfans mâles, et je n'ai pas autre chose à vous dire de lui. Les Polignac, dont il me reste à vous parler, ne sont que des Chalençon.

Cette malencontreuse famille était composée d'un Comte de Polignac qui n'avait qu'un fils ecclésiastique, et qui ne paraissait presque jamais à Versailles; de son neveu, le Comte Jules, insignifiant personnage et mari d'une Demoiselle de Polastron qui était une jeune femme charmante; enfin d'une sœur aînée de ce même Comte Jules de Polignac, fille majeure, à qui sa laideur et sa pauvreté n'aplanissaient pas les voies du mariage, et qui, du reste, était d'orgueilleuse et méchante humeur. Elle n'avait aucun autre rapport avec la céleste et chaste sœur du Dieu du jour, sinon qu'elle s'appelait Diane et qu'elle était furieusement vindicative.

Cette Phœbé d'Auvergne avait la passion de s'établir à la Cour; et comme elle ne pouvait s'y faire présenter, parce qu'elle ne pouvait être reçue ni titrée par aucun chapitre de Chanoinesses, à raison de ce qu'il se trouvait dans ses quartiers du côté de sa grand'mère, une lacune à cause de mésalliance, on imagina de la faire sauter à pieds joints par-dessus cette case vide, et de la pousser à Dame au moyen d'un brevet de Comtesse. Le Roi voulut bien se prêter à cette innovation sans motif raisonnable et sans exemple; c'est le diplome de cette Comtesse Diane qui a fait la planche, et voilà ce qu'on appelle un *brevet-de-Dame*, aujourd'hui (1).

(1) Voici le verbal de ce diplôme, ainsi qu'il est minuté sur les registres de la Maison du Roi, où M. de Breteuil avait eu la complaisance de le faire copier pour moi :

LOUIS, *par la grâce de Dieu, Roi de France et de Navarre, à tous ceux qui les présentes verront, Salut. Voulant donner à notre amée, la Damoiselle de Polignac, une marque de notre protection royale et de notre dilection, comme aussi temoigner des sentimens de satisfaction qui sont éprouvés par nous à l'égard des services rendus à l'État sous les Rois nos prédécesseurs, par aucunes personnes de sa famille, et notablement par le feu Cardinal de Polignac, oncle d'icelle, avons résolu de lui concéder et lui concédons par les présentes lettres qui seront signées de notre main et scellées de notre scel, les qualifications de Dame Comtesse Diane de Polignac; ensemble la prééminence d'icelui rang de Comtesse en toutes choses de cérémonies ou plaidoiries sur toute autre Damoiselle noble non qualifiée, comme également pouvoir timbrer ses armoiries de la couronne qu'il appartient à ladite qua-*

Quand sa famille eut obtenu la faveur de la Reine, ladite Comtesse Diane imagina de se faire colloquer la croix honoraire d'un grand chapitre de Lorraine avec dispense de fournir ses preuves, et ceci fut une autre sorte d'abus qui fit crier toute la noblesse du royaume. Les Chanoinesses ont toujours été des criardes à fendre la nue; aussi firent-elles un si grand bruit de ce passe-droit, qu'il en arriva jusqu'aux oreilles du Roi qui finit par s'en offusquer, et qu'on alla faire entendre à cette Chanoinesse de grâce et de rémission, que Sa Majesté verrait avec plaisir qu'elle ne portât ni cordon ni croix chapitrale.

La Comtesse Diane était donc complètement dénuée de beauté, d'agrémens, de bonté, et même de simple politesse; mais elle était pourvue d'un esprit d'intrigue et d'audace incomparable, et quant à la Comtesse Jules, elle était précisément l'opposé de sa belle-sœur. C'était une personne admirablement jolie, affectueusement polie, décente, obligeante et d'une exquise aménité. Je n'ai rien vu de plus parfaitement agréable que Mme Jules de Polignac, et je n'ai jamais connu rien de plus aimable, en apparence ainsi qu'en réalité. Elle avait toute la peau de la blancheur d'un narcisse, avec des yeux délicieuse-

---

lité de Comtesse, et ce mandons à nos justiciers, juge-d'armes et tous autres nos officiers à ce commis, pour qu'ils ne s'ingèrent d'y mettre contrôle, empêchement ni toute autre sorte d'impédiment; car TEL EST NOTRE BON PLAISIR. Donné à Versailles, etc. Signé LOUIS, et plus bas PHÉLIPPEAUX. Scellé du sceau privé sur lacs de soie verte, et registré le 4 avril 1777.

ment doux, et ses lèvres charmantes ainsi que le bout de ses jolis doigts, étaient naturellement d'un incarnat et d'un éclat aussi vif que du satin ponceau. Quand on la vit paraître à la Cour avec sa belle-sœur, on aurait dit une de ces blanches et douces colombes de l'Atlas avec leurs becs et leurs pieds de corail, à côté d'une orfraie, d'une manière de chouette ébouriffée, ou si vous l'aimez mieux, d'une perruche à bec retors, avec des yeux ronds à deux cercles noir et blanc, franc-doubles, assez dépenaillée pour le corsage, avec la peau rougeâtre et la huppe hérissée (sans parler des griffes noires); enfin, pour avoir le naturel et l'apparence d'un oiseau de proie, je n'ai jamais vu demoiselle d'Auvergne ou d'autre pays, qui fût comparable à cette C^{sse} Diane de Polignac, sinistre Phœbé, *cette lune rousse!* ainsi que l'appelait M. de Lauraguais.

Il était impossible de voir la Comtesse Jules sans la remarquer et sans désirer la connaître. Il était impossible de la connaître sans l'aimer, sans avoir envie d'employer son crédit pour elle et sans désirer l'occasion de lui témoigner un sentiment d'obligeance et d'empressement. Elle était du petit nombre de ces heureuses personnes qui n'ont besoin que de paraître en face de leurs ennemis pour désarmer la malignité jalouse et triompher de l'injustice; aussi bien, lorsqu'on apprit que la jeune épouse de Louis XVI avait l'air d'éprouver pour cette aimable jeune femme, une disposition de bienveillance et d'affection distinguée, je vous assure que les personnes judicieuses et les honnêtes gens n'en éprouvèrent pas plus d'étonnement que de contrariété.

La Cour a toujours été la source des faveurs, mais elle était devenue l'unique ressource de la noblesse pauvre. Mme de Polignac avait été mariée sans dot, ou peu s'en fallait, car une centaine de mille francs ne saurait être comptée pour une fortune; et celle de son mari n'allait guère à plus de vingt mille livres de rente. La vicomté de Polignac était possédée par leur oncle paternel : ainsi vous voyez que ce n'était pas sans nécessité ni sans raisons que Mlle Diane était venue s'embusquer à portée de la corne d'abondance.

On a tellement déclamé contre la profusion des faveurs accumulées par le crédit de la Reine sur la famille de Polignac, qu'il est bon de vous démontrer qu'il ne s'y trouvait pourtant rien d'excessif.

Le Comte Jules de Chalençon-Polignac était certainement un homme de qualité; il était le petit-neveu d'un Cardinal-Archevêque, habile et mémorable négociateur; il était petit-fils et arrière-petit-fils de deux Chevaliers des ordres du Roi, Gouverneurs de province. On lui conféra le titre de Duc héréditaire et nompair, ce qui n'était pas déjà si rare et si merveilleux, à partir du règne de Louis XIII.

Sa famille était nécessiteuse, attendu qu'elle avait dépensé la plus grande partie de ses biens pour le service de S. M. comme toute la noblesse de France; on lui donna la place de premier Écuyer; ce qui lui devenait profitable et n'avait rien d'exorbitant.

Il est vrai que la Duchesse de Polignac avait été

pourvue de la charge de Gouvernante des Enfans de France, mais qui pouvait ou devait s'en fâcher, si ce n'étaient les Princesses de Rohan à qui l'on avait retiré ce grand office et qui ne s'en plaignaient pas ? Mmes de Guémenée, de Brionne et de Marsan, m'ont dit cent fois que la Duchesse de Polignac s'occupait avec tant de sollicitude et s'acquittait si parfaitement bien de cette grande charge, qu'on n'aurait pu faire un choix plus satisfaisant!

Il faut pourtant convenir que la Comtesse-à-brevet avait été placée Dame d'honneur auprès de Madame Elisabeth; à l'époque où l'on forma la maison de cette Fille de France ; et je ne crois pas qu'on dût approuver un choix qui mettait cette chaste Diane à la tête de la maison d'une princesse âgée de quatorze ans. Voilà mon seul grief contre les Polignac.

L'ouverture du livre-rouge est venue révéler que toute cette famille ne touchait pas annuellement sur le trésor ou la cassette du Roi plus de cent vingt mille livres; mais les Talleyrand, qui ne valaient pas les Chalençon, et qui n'étaient pas moins dépourvus de fortune en arrivant à la cour en 1742, je m'en souviens ! la famille des Talleyrand, vous dis-je, avait trouvé moyen de se faire adjuger en émolumens d'emplois, produits de charges et gouvernemens, bénéfices épiscopaux, abbayes en commande et brevets de retenue; pensions, assignations sur le domaine, et autres bienfaits de la couronne à titre gratuit, dix-sept cent mille livres de rente ! La mère de ces trois Lameth avait touché du Roi, qu'ils ont abreuvé d'outrages et dont ils ont provoqué la déchéance, une somme de quarante-six mille écus pour arranger leurs affaires, et de plus, un cadeau de soixante mille livres, à l'intention de faire élever, entretenir convenablement et bien équiper ces petits gentilshommes : et c'étaient ces gens-là qu'on entendait vociférer contre les Polignac et les profusions de la cour !......

En écoutant ces folles criailleries, j'ai toujours pensé que le caractère et les autres inconvéniens de la Comtesse Diane étaient pour beaucoup dans cette injuste et générale exaspération contre son frère et sa belle-sœur, et par contre-coup, hélas ! contre notre malheureuse Reine qui les protégeait en suivant tout naturellement l'attrait de son cœur, sans irritation contre leurs ennemis, sans prévision sinistre et sans se douter de l'animadversion qu'elle excitait contre sa favorite et sa majesté (1).

La Duchesse de Polignac étant grosse, aurait dé-

---

(1) On a trouvé dans le même livre rouge que le Roi Louis XVI y avait mis sur les marges, en regard de toutes les propositions de dépenses qui devaient lui être personnelles. — *Il n'y a rien de pressé*, ou bien, — *approuvé, à condition que cela ne sera pas d'habitude, et pour cette fois seulement.* On y voyait aussi que cet excellent prince avait fait payer, de ses deniers, la somme de 950 mille livres aux créanciers du Prince Maximilien de Bavière-Deux-Ponts, auquel il faisait en outre une pension de quarante mille francs. Le lendemain du jour où l'on apprit à Manheim la funeste mort de Louis XVI, cet ancien pensionnaire du Roi donnait un bal où il dansa toute la nuit. C'est lui qui, par la grâce de Buonaparte, avait été créé Roi de Bavière en 1806. Chacun sait combien sa famille a montré de gratitude envers la maison royale de France qui l'avait toujours protégée et pensionnée. (*Note de l'Éditeur.*)

siré sortir de Versailles et ne pas s'éloigner de la cour, afin d'habiter la campagne et d'y rester à proximité de la Reine; la C^{sse} Diane se mit en recherche d'une habitation commode, et voilà qu'elle écrivit sans compliment à la douairière de Boufflers, afin d'en obtenir sa jolie maison d'Auteuil à location. Celle-ci procéda toujours pédantesquement; elle a toujours eu des intentions dramatiques, et bien qu'elle eût pu répliquer tout uniment qu'elle ne pouvait se décider à passer la canicule au milieu de Paris, ou bien qu'elle ne voulait pas louer sa maison, par exemple, elle aima mieux s'en acquitter avec recherche, à dessein de manifester son bel esprit, et voici comment elle imagina de répondre à ces Dames :

« Tout ce que vous voyez conspire à vos désirs;
« Vos jours, toujours sereins, coulent dans les plaisirs;
« La cour en est pour vous l'inépuisable source,
« Ou, si quelque chagrin en interrompt la course,
« Le courtisan, soigneux à les entretenir;
« S'empresse à l'effacer de votre souvenir,
« Moi, je suis seule ici, dans l'ennui qui me presse ;
« Je n'en vois à mon sort aucun qui s'intéresse,
« Et n'ai pour tout plaisir que ces bois et ces fleurs
« Dont l'ombrage et l'éclat tempèrent mes douleurs. »

— C'est un refus poli, dit la Duchesse de Polignac, mais je n'en suis pas moins surprise et fâchée qu'on ait eu l'indiscrétion d'avoir fait pareille demande à mon insu.

— Allons donc, repartit notre solliciteuse arrogante, toute autre femme que cette ridicule Boufflers aurait été fort heureuse et bien empressée de nous témoigner une sorte d'obligeance en cette occasion-ci, et ce n'était pas gratuitement qu'on lui demandait sa maison, du reste! Elle en aurait eu ce qu'elle aurait voulu ; je comptais lui faire un pont d'or!...

— Mais les ennuis du dérangement ne sauraient être payés à certaines personnes, ma Sœur, et que voudriez-vous qu'une indemnité de quelques cents louis pût faire à Mme de Boufflers ayant cinquante mille écus de rente?

— Oh! d'abord : il est bien connu que si l'on s'en rapportait à votre exemple et vos avis, on ne demanderait et n'obtiendrait jamais rien, ma chère petite ; mais heureusement pour vous et pour notre maison que je suis là! Vous pouvez pardonner à cette Comtesse de Boufflers qui est une ennuyeuse, une insupportable, une assommante, et qui plus est, une insolente; mais elle me paiera la sottise qu'elle vient de nous faire, elle ne l'emportera pas en terre, et je vous réponds!..... Arrivez donc, s'écriat-elle en apercevant ses bons amis, le Duc de Guines et M. de Vaudreuil, arrivez donc, que je vous montre une composition poétique et philosophique de *l'idole du Temple!*...... On décida sans la moindre hésitation que ces vers étaient détestables, et comme on s'en divertissait à beau renfort de moqueries, on ne laissa pas de se trouver un peu déconcerté par Monsieur, qui déclara que c'était des vers de Racine, en sa tragédie de Britannicus. On disait que tous ces familiers de la Comtesse Diane étaient des illettrés qui ne savaient rien de rien, si ce n'était sur les magots et sur le vieux laque, et voici qui me rappelle que lorsque la vieille Mme de Vaudreuil se plaignait de son fils, elle allait disant toujours, — ne m'en parlez donc point, il se ruine et nous fait mourir de faim pour acheter des chinoiseries! il ne s'acquitte seulement pas de me payer de mon douaire; il est tombé comme un hébété qu'il est, dans la manie des chats bleus et des maraboux. C'est un Chinois! il est dans les Chinois; je vous dis qu'il est dans les Chinois! Mais comme elle ne disait pas qu'il fût dans les mandarins lettrés, on n'y pouvait contredire.

En vous parlant de Madame Elisabeth, et vous reparlant de Monsieur, frère du Roi, je me suis souvenue qu'il avait fait pour elle un couplet que cette admirable et naïve princesse avait eu la bonté de me chanter, et dont elle éclatait de rire, ainsi qu'une pensionnaire.

« Votre patrone au bon vieux temps
« Et durant sa froide vieillesse
« A senti ces jours du printemps
« Comme on les sent dans sa jeunesse.
« Dans l'almanach des bonnes gens
« Je voudrais qu'on vous mît ensemble
« Et vous voir à quatre-vingts ans
« Faire un poupon qui vous ressemble. »

Toutes choses étaient devenues si mal ordonnées à la cour de France, qu'on y supportait l'usurpation du nom de la Ferté par un intendant des Menus-Plaisirs du Roi, qui n'aurait dû s'appeler que M. Papillon. A la vérité, Messieurs de la Ferté-

Seneterre ou Saint-Nectaire et de la Ferté-Meun nous disaient-ils en ricanant que l'opinion publique en ferait toujours suffisante et bonne justice, et pour en obtenir satisfaction, ces honnêtes gens comptaient sur l'effet du ridicule. MONSIEUR disait qu'on n'était pas en droit d'empêcher ce M. Papillon de porter le nom d'un petit fief appelé la Ferté.

— Mais vraiment, répondais-je à S. A. R., on pourrait toujours le lui défendre sous peine de lui retirer son intendance des Menus, ce qui serait dans l'intérêt de la Noblesse et par conséquent dans les intérêts de la Couronne. Le Roi n'aurait qu'un mot à faire dire, et je ne vois pas de quel avantage il est pour l'État de souffrir une sorte de confusion qui porte atteinte à la considération de ces gens de qualité ?.....

— Vous n'approuveriez pas non plus, me dit-il une fois, qu'un de mes gentilshommes......

— Ah! je supplie MONSIEUR de ne pas me faire parler devant lui de ses Montesquiou ni de leur généalogie carlovingienne! c'est un crime de lèse-haute-noblesse au premier chef, et c'est une affaire dont vous répondrez devant Dieu, Monseigneur!.
Il en riait imprudemment, sans prévoir aucune lâcheté dans l'ingratitude de ces gentilshommes ; il ignorait apparemment que les encouragemens qu'on donne à la prétention déraisonnable et l'exaltation vaniteuse, ont toujours un effet pernicieux ; mais il s'est trouvé des Montesquiou et des Talleyrand-Périgord qui n'ont pas manqué de lui faire expérimenter la chose, au mépris de son extrême bonté pour eux.

Je sais bien qu'on attaque injustement tous les gens favorisés ; mais les princes ne savent jamais opposer au dénigrement que l'engouement, et pourtant les princes devraient bien se tenir en garde contre le favoritisme, en prenant la peine d'observer qu'il a presque toujours un résultat perversif. Le proverbe romain disait : « Il est traître comme le fils d'un affranchi. » J'ai remarqué que les héritiers d'un favori sont toujours d'une ingratitude affreuse. Mais nous voici bien loin du sieur de la Ferté-Papillon, dont je voulais vous citer une historiette.

On venait de jouer sur le théâtre du château de Fontainebleau, en présence de LL. MM. et sans aucune approbation de leur cour, un nouvel opéra-comique de M. Sédaine, qui se promenait à grands pas sur ledit théâtre, et qui s'en prenait de la chute de sa pièce à la mesquinerie de ce qu'il appelait *la mise en scène*. Il disait que son ouvrage aurait eu le plus grand succès si l'on avait fait les dépenses indiquées par le programme, et comme il ajouta que le Roi n'en paierait pas moins les mêmes dépenses, il se trouva là quelque valet subalterne, employé des Menus, qui s'en alla dénoncer ce mauvais propos à l'intendant de service. Il arrive en s'écriant : — Où est Sédaine?... — Papillon ! (car je ne vous appellerai pas la Ferté) lui répondit l'autre, M. Sédaine est ici, que lui voulez-vous?...

Je vous ferai grâce de leur colloque, et je vous dirai seulement qu'il s'ensuivit des choses très-fortes de la part de Monsieur Sédaine. — Et qu'est-ce que c'est donc qu'un Papillon qui met le poing sous le nez du monde et qui se refuse à dire *Monsieur*, quand il parle d'un Pensionnaire du Roi, Membre de l'Académie française et Sous-Greffier de la ville de Paris !

L'hôtel-de-ville et les gens de lettres en étaient dans une colère abominable : — Sédaine a très-bien fait, disait Monsieur, et s'il ne s'agissait que de prendre le nom d'une famille ducale pour se croire en droit de traiter les académiciens et les franc-bourgeois de Paris du haut en bas, ce serait un abus criant !

M. Papillon de la Ferté sollicita une audience de la Reine, afin de lui rendre compte de sa dispute avec cet académicien, ce qu'il ne manqua pas d'arranger de manière à lui donner tous les torts possibles. La Reine écouta patiemment cet ennuyeux et long récit, après quoi lui répondit Sa Majesté : — *Je crois bien que vous n'avez pas fait porter en ligne de compte les décorations nouvelles, les costumes, les soldats, et tous les autres accessoires que, suivant l'auteur, ont dû manquer à la représentation de son ouvrage. Je vous dirai, Monsieur l'intendant, que lorsque nous avons, le Roi et moi, l'occasion d'adresser la parole à un homme de lettres, ou lorsqu'il nous arrive de parler de lui, nous l'appelons Monsieur. L'intention du Roi ne saurait être que, pour les choses de son service, les employés de sa maison ne s'expriment pas avec autant de bienséance que lui-même. Le reste de votre différend ne me regarde pas. Je vous conseillerai seulement d'être plus honnête à l'avenir avec les gens de lettres, et notamment à l'égard de M. Sédaine, en vous rappelant que Messieurs de l'Académie française ont l'honneur de siéger au premier rang des littérateurs européens. Comptez sur ma protection.*

Ce fut à l'occasion d'un procès entre votre père et ce M. Papillon que nous fîmes connaissance avec M. de Sèze, qu'il avait choisi pour conseil et qui ne voulut pas se charger de sa cause. C'était à propos de la mouvance et du rachat d'un droit féodal de ce domaine de la Ferté que mon fils ne voulait pas laisser périmer, ni retraire; mais je pense bien que c'était parce que le nouveau seigneur de la Ferté ne s'y prenait pas honnêtement, car je ne vois pas de quelle utilité pouvait être pour nous la maintenue d'une censive, isolée, minime, et détachée du reste de nos fiefs?

M. de Sèze est un homme de bonne condition dans le Bordelais, lequel avait embrassé la profession d'avocat, à laquelle il devait donner un si beau relief en 1793. Avec un talent dialectique et d'éloquence absolument hors de ligne, et comme il avait la réputation d'un homme intègre et courageux, il ne pouvait manquer d'illustrer sa robe, et je ne doute pas que, sans la révolution, il ne fût parvenu aux premières dignités de la magistrature (1). On n'avait pas l'idée d'un succès pareil à celui qu'il

---

(1) Romain de Sèze, Comte et Pair de France, Grand-Officier-Commandeur et Trésorier de l'ordre du St.-Esprit, Premier Président de la Cour de Cassation, Membre de l'Académie française, etc. Il est suffisamment connu que M. de Sèze avait eu le courage et l'honneur d'aller plaider la cause du Roi martyr, en face de la Convention régicide. M. le Comte de Sèze est mort à Paris le 2 mai 1828, âgé de 81 ans.

(*Note de l'Éditeur.*)

obtint le jour de son début au barreau de Paris, et voici ce que j'en ai retrouvé dans mes notes.

« Avant-hier, mercredi 4 août, un gentilhomme de Guyenne, appelé M. de Sèze, a débuté comme avocat devant le Châtelet de Paris ; c'était dans une cause absolument dénuée d'intérêt, et pour un partage entre les héritiers du philosophe Helvétius. Il a plaidé pour Mme d'Andlaw avec un éclat sans exemple, et pendant son plaidoyer, qui a duré plus de cinq quarts d'heure, on a remarqué qu'il n'avait pas été besoin de faire crier silence par les huissiers, si ce n'est une seule fois, où le public avait fait entendre un murmure approbateur. Il a trouvé moyen de mêler du pathétique à la sécheresse de cette discussion ; les juges avaient les yeux arrêtés et fixés sur ce jeune orateur avec une expression d'étonnement et de considération singulière ; enfin l'auditoire et le jeune barreau ont fini par l'applaudir, ainsi qu'on le fait au théâtre, à plusieurs reprises, avec transport, et sans que les magistrats aient entrepris de réprimer un pareil mouvement, ce qui témoigne assez quelle était leur émotion. »

« Le jeune de Sèze a gagné sa cause, et lorsque M. le Lieutenant civil, (c'était le vénérable Angran d'Alleray) a eu prononcé le jugement, il a dit, avant de se rasseoir et tenant son bonnet galonné dans sa vieille main : — *Maître de Sèze, n'avez-vous pas une autre cause à plaider ?*

« Le jeune avocat, étonné de la demande inusitée de ce magistrat, a répondu : — Non, Messire ; et dans toute la salle on a paru très-surpris de cette apostrophe de M d'Alleray.

« *De Sèze,* a repris le Lieutenant civil après s'être mis à siége et recouvert, *le plus beau privilége de cette capitale est celui d'attirer et de retenir dans son sein tous les sujets qui se sont distingués par la vivacité de leurs lumières et l'éclat de leurs talens dans les provinces de ce grand royaume. C'est vous témoigner assez, Maître de Sèze, avec quelle satisfaction la Cour vous a entendu, et combien elle désire vous voir fixé au barreau de Paris.* »

« Attendri jusqu'au fond de l'âme, et comme étourdi de ce compliment sans exemple, M. de Sèze a répondu, les larmes au yeux, qu'il ne pouvait reconnaître en ce moment une faveur aussi touchante et aussi glorieuse pour lui, que par un profond silence. »

« Hier jeudi, M. de Sèze est allé rendre ses devoirs à M. le Lieutenant civil, qui n'a pas manqué de l'accueillir avec une bonté parfaite, en lui disant : — *Mon enfant, si je vous ai complimenté comme je l'ai fait publiquement, c'était pour ma satisfaction personnelle; un homme tel que vous n'a pas besoin d'encouragement.* »

« Il est à savoir aussi que l'avocat adversaire appelé maître Hardouin, s'était trouvé si pleinement confondu, qu'il n'avait pas voulu répliquer à M. de Sèze, et qu'il avait prétexté d'un gros rhume avec une extinction de voix subite. M. le premier Avocat du Roi, Hérault de Séchelles, en prit occasion de prophétiser au jeune de Sèze qu'il en *enrhumerait bien d'autres,* et du reste, il avait été le féliciter à la fin de l'audience au nom de Messieurs du Parquet. »

Il me paraît équitable et prudent de consigner ici ces anecdotes sur la jeunesse de M. de Sèze, attendu qu'on n'en prendra peut-être pas note. Il est surprenant que dans cet ordre des avocats on n'ait pas encore eu l'idée ni la précaution de se constituer un historiographe, ou, si l'on veut, un simple greffier, ainsi qu'un dépôt d'archives et tout au moins un registre de documens relatifs à la corporation.

J'aurai l'occasion de vous parler une autre fois de M. de Sèze, et ce sera, s'il est possible, encore plus honorablement pour lui; mais ce sera douloureusement pour moi, pour la France, et pour vous, mon Enfant, je n'en doute pas. Ne faudra-t-il pas vous dire aussi comment la malheureuse Duchesse de Polignac est morte de saisissement en apprenant en émigration le supplice de la Reine, et comment ce misérable Hérault de Séchelles (il était l'oncle des Polignac) a trouvé la punition de ses lâchetés.

CHAPITRE IV.

Embarras dans les finances et manœuvres de Necker. — Lettre de M. le Comte d'Artois à l'Assemblée de la Noblesse de Paris. — Belles paroles de M. Bailly, et belles manières de sa femme. — Les États-Généraux et l'Assemblée nationale. — Liste des membres du côté droit (minorité royaliste.) — Liste des députés du parti des anglomanes et de la majorité jacobine. — Funérailles du jeune Dauphin. — Son catafalque à Meudon. — Le Grand-Maître des cérémonies et le Citoyen Goupilleau. — Le Gros-Caillou. — Scène de l'Assemblée nationale. — Mme de Condorcet et la chaste Suzanne. — Reproche que se fait l'auteur. — La Comtesse de Milon, née de Créquy.

Après vous avoir parlé de la disposition des esprits, je vais tâcher de vous expliquer la situation financière où se trouvait le Royaume de France en 1789, et vous allez voir quel était ce grand sujet d'inquiétude et d'embarras pour notre malheureux gouvernement.

La totalité des recettes était de quatre cent soixante-quinze millions de livres, et celle des dépenses, considérées comme obligatoires, était de cinq cent trente-un millions ; d'où provenait (sans autre déficit) un excédant de dépenses de cinquante-six millions cent cinquante mille livres par an. Si l'on n'avait pas voulu s'attaquer aux franchises de certaines provinces qui ne payaient presque rien en fait d'impôts, il aurait été bien aisé d'économiser sur les dépenses abusives, à commencer par les dix-sept cent mille livres de rente accordées à Messieurs de Talleyrand. Il n'aurait pas été difficile d'obtenir l'aveu du premier Ordre et l'autorisation de N. S. P. le Pape, à l'effet d'aliéner au profit de l'État une partie des biens du Clergé; ce que le Roi Louis XIV avait déjà fait, à la fin de son règne, aux dépens de la congrégation des Célestins, et ce qui s'était opéré sans commotion ni contestation. Mais ces deux moyens auraient été trop simples et trop vulgaires pour satisfaire à l'arrogance de M. Necker et pour suffire à son ambition. Il voulait dominer la France en la régissant par les finances; et quand il devait produire sa colonne de recettes, il avait toujours soin de la combiner par accolades et de la compliquer avec des *anticipations imprévues, des remboursemens douteux, des rentrées suspendues* et autres nébulosités auxquelles on ne comprenait rien du tout, et qui donnaient de l'épouvante à tout le monde à commencer par MM. les Conseillers d'État au comité des finances, et ceci n'était pas la faute du Roi.

Il est assez connu que la première chose que firent les députés de la Noblesse et du Clergé à l'Assemblée nationale, ce fut l'abandon de leurs priviléges pécuniaires, avec la proposition de contribuer à tous les besoins de l'État; on leur répondit qu'il était *trop tard*. On voulait arriver, par la perturbation générale de la France, à ce qu'on osait appeler sa régénération, et la situation des finances était purement et simplement un prétexte. Les astucieux *comptes-rendus* et les ennuyeux rapports de M. Necker n'avaient pas été plus satisfaisans pour l'Asemblée des Notables que pour le comité des finances. On criait de partout : — *Les États-généraux ! les*

États-généraux ! et la convocation des États-généraux fut résolue par l'influence et les intrigues de M. Necker.

Étant bien prévenu de l'état des esprits, et surtout dans la classe bourgeoise où l'incrédulité moderne et la vanité philosophique avaient fait un ravage affreux, ce mauvais ministre avait manœuvré de façon que la représentation du troisième Ordre avait été portée au double de ce qu'elle devait être en bonne justice et légalité coutumière ; mais quand on fut averti de cette combinaison funeste, il n'était plus temps de la déjouer. Il en résultait que le nombre des députés du tiers-état devait surpasser les deux nombres réunis des représentans de la Noblesse et du Clergé, dont les déterminations se trouveraient asservies à celles de la roture. M. Necker disait pour ses raisons que la bonne intention, les lumières, la prudence et la capacité des gens du troisième Ordre n'étaient pas douteuses. Nous avons eu la satisfaction de les voir à l'œuvre, et nous avons éprouvé leur aptitude à bien arranger les affaires du Roi, les affaires de la Noblesse et du Clergé, et même leurs propres affaires. Il ne s'agissait pourtant que de faire face à cinquante-six millions de rente, et le tiers-état nous a fait banqueroute, après avoir absorbé détruit ou gaspillé des valeurs équivalantes à quatre ou cinq milliards de livres, en dix-neu mois. C'est la moindre chose que nous ait fait endurer l'Assemblée nationale ; mais il ne faut pas que je vous mène si vite et nous allons procéder par ordre.

Ce fut le 5 mai 1789, que l'Assemblée des États-généraux fut ouverte, à Versailles, après cent soixante et quinze années d'interruption. Le Clergé de France y avait député quarante-quatre Prélats Épiscopaux, cinquante-deux Abbés Commandataires, Chanoines ou Vicaires-généraux, deux cent cinq curés de paroisses et cinq religieux de congrégation monastique ; ce qui faisait un total de trois cent huit députés du premier Ordre de l'État.

M. Necker avait encore arrangé les choses de manière à ce que la députation de la Noblesse ne pût être formée que de deux cent quatre-vingt-cinq nobles ; savoir : deux cent soixante-six gentilshommes d'Épée et dix-neuf magistrats de Cours Souveraines ; d'où venait que la Noblesse, (autrement dit le *second Ordre*) qui formait naturellement la plus nombreuse et la plus puissante corporation de l'État, ne se trouvait représentée que par deux cent quatre-vingt-cinq députés.

La députation du tiers-état était formée de quatre mauvais prêtres et de quinze nobles diffamés, de vingt-neuf maires ou officiers municipaux, de deux magistrats de tribunaux supérieurs, de cent cinquante-huit justiciers subalternes, et de cent soixante-dix-huit bourgeois rentiers ou commerçans. Le surplus n'était composé que d'avocassiers, de médicastres, d'écrivassiers et autres égrefins plumitifs. Ainsi, le total du tiers-état était six cent vingt-un membres ; le total des deux premiers Ordres, cinq cent quatre-vingt-treize, et celui des trois Ordres réunis, douze cent quatorze.

Je n'ai pas besoin de vous dire qu'au mépris du bon droit et du mandat exprès de leurs commettans, la majorité des députés du troisième ordre aux États-généraux avaient envahi tous les pouvoirs de l'état, et s'étaient érigés en simulacre de corps souverain qu'ils appelèrent *Assemblée nationale*. Ils avaient été soutenus dans cette inconcevable usurpation par quelques membres de l'Ordre du Clergé, prélats défectueux ou mauvais prêtres, ainsi que le reste de leur vie l'a scandaleusement prouvé. Le petit nombre des nobles qui les suivit ne s'élevait guère au-dessus d'une cinquantaine, et dans ce nombre, il est bon d'observer qu'il se trouvait tout au moins quinze à dix-huit partisans de la constitution britannique qu'on avait eu la belle imagination d'appliquer à notre pays et de vouloir imposer au Roi Louis XVI. Le surplus de ces députés de la Noblesse ou de ces gentilshommes élus par le tiers, ainsi que l'aîné des Mirabeau, étaient des êtres dégradés et des âmes vendues au Duc d'Orléans qu'ils avaient comploté de faire parvenir à la couronne. Ceux-ci n'ont fait que traverser l'orléanisme pour aller se plonger dans la démagogie, et ce qu'il y a de miraculeusement providentiel en tout ceci, c'est que tous les députés de cette abominable catégorie ont péri sur l'échafaud, sans qu'on y puisse trouver une seule exception.

Voici la liste et les honorables noms de MM. les députés qui n'ont cessé de combattre pour l'autorité du Roi leur souverain, pour les immunités de l'Église gallicane, et pour le maintien de l'état civil de la Noblesse et du Clergé de France, ainsi qu'ils avaient juré de le faire, en acceptant les mandats de leurs commettans. Ils ont protesté jusqu'à la fin contre cette foule d'injonctions révolutionnaires, appelées *décrets* de l'assemblée nationale, et la plupart d'entre eux refusèrent de participer à ses travaux, et ne voulurent pas même assister à ses séances, aussitôt qu'on eut adopté la constitution Targenitus.

PREMIER ORDRE DE L'ÉTAT.

Députés de Nosseigneurs du Clergé de France.

(En ordre de leurs dignités de clergie.)

Nosss^{grs} Le Cardinal de la Rochefoucauld.
    Le Cardinal-Prince de Rohan.
    L'Archevêque et Duc de Reims
    L'Archevêque et Prince de Vienne.
    L'Archevêque et Vice-Roi d'Arles.
    L'Archevêque de Toulouse.
    Le Coadjuteur d'Alby (*Arch. in part. inf.*).
    L'Évêque et Duc de Langres.
    L'Évêque et Comte de Châlons.
    L'Évêque et Comte d'Agen.
    L'Évêque de Nancy (Primat de Lorraine)
    L'Évêque et Seigneur de Clermont.
    L'Évêque de Nîmes.
    L'Évêque et Vicomte de Couserans (1)
    Dom Louis Chevreux (Abbé général).
    Dom Charles d'Avoult (Prieur claustral).
    L'Abbé-Prince d'Andlau.

(1) Si je ne vous rapporte pas ici tous les noms des Évêques élus, c'est parce que le plus grand nombre se retira de l'Assemblée nationale avant de pouvoir signer les protestations du côté droit, et notamment notre excellent et vénérable Archevêque de Paris, M. de Juigné, que el Duc d'Orléans avait comploté de faire assassiner pour intimider les autres, et qui préféra le voisinage de Lauzane à la lanterne. (*Note de l'Aut.*)

L'Abbé d'Eymar (Abbé mitré).
L'Abbé de Barmond (Conseiller clerc).
L'Abbé Maury (Prieur commandataire).
L'Abbé Coster (Vicaire-général).
Dom Louis Estin (Prieur régulier).

SECOND ORDRE.

Députés de Nosseigneurs de la Noblesse de France

(*En ordre alphabétique.*)

Nossg^{rs} Le Comte de Sainte-Aldegonde.
Le Marquis d'Argenteuil.
Messire Henry d'Aguesseau de Fresne (Chevalier).
Le Marquis d'Avaray.
Le Baron d'Aurillac.
Le Baron de Batz.
Messire N. Godard de Belbœuf (Chevalier).
Le Comte de Bournazel.
Le Chevalier de Boufflers.
Le Marquis de Bouthillier.
Le Marquis de Bouville.
Le Marquis de Causans.
Le Duc de Caylus.
Messire Casimir de Cazalès (*Écuyer*).
Le Commandeur-Comte de Castillon.
Messire Guillaume de Chabrol (*Écuyer*).
Le Marquis de Chambord.
Le Comte de la Châtre.
Le Comte de Clermont-Lodève.
Le Comte de Clermont de Mont-Saint-Jean.

Le Marquis de Crussol d'Amboise.
Le Bailly de Crussol (*Grand'Croix de Malte*).
Le Marquis de Créquy.
Le Duc de Crouy et d'Havré.
Le Chevalier de Cocherel.
Le Comte d'Egmont.
Le Seigneur d'Égligny.
Le Comte d'Entraigues.
Le Comte François d'Escars.
Le Marquis d'Escouloubre.
Messire Jacques du Val d'Espreménil (*Écuyer.*)
Le Bailly de Flackslanden (*Grand'Croix de Malte*).
Le Comte de Faucigny-Lucinge.
Le Marquis de Ferrières.
Le Marquis de Foucauld-l'Ardimalie.
Le Comte de la Galissonnière.
Le Premier Président de Grobois.
Messire C. de Guilhermy (*Écuyer*).
Le Chevalier Guittard.
Le Baron d'Harambure.
Le Chevalier de Hercé.
Le Seigneur d'Isberg.
Le Marquis de Juigné.
Le Baron de Juigné.
Le Président de Lambert de Frondeville.
Le Comte de Lambertye.
Le Marquis de Lancosme.
Le Comte de Lannoy.
Le Comte de Lautrec.
Le Duc de Lévis.
Le Marquis de Loras.
Le Comte de Ludre.

Le Baron de Lupé.
Le Duc de Luxembourg.
Le Vicomte de Malartic.
Le Duc de Mailly-d'Haucourt.
Le Marquis de Saint-Maurice.
Le Vicomte de Mirabeau.
Le Comte de Mirepoix.
Le Marquis de Montcalm.
Le Comte de Montjoie-Montjoie.
Le Comte de Montboissier-Canillac.
Le Comte de Montmorency-Laval-Boisdauphin.
Le Baron de Nédonchel.
Le Président d'Ormesson.
Le Comte de Pardieu.
Le Prince de Robecq.
Le Marquis de Saint-Simon
Le Marquis de Sassenay,
Le Vicomte de Ségur.
Le Chevalier de Sinety.
Messire Antoine-Omer Talon (*Chevalier*).
Le Comte de Thiboutost.
Le Comte de la Tour-du-Pin
Le Comte de Toustain.
Le Vidame de Vassé.
Le Marquis de la Valette-Parisot.
Le Commandeur de Verthamont.
Messire A.-R. de Villiers de Rancourt (*Écuyer*).
Le Comte de Villeneuve-Bargemont.
Le Marquis de Vogué.
L'Amplissime et Scientifique personne du Recteur de l'Université de Paris, siégeant au rang de la Noblesse en ladite qualité.

TIERS-ÉTAT.

Les Srs Achard de Bonvolloir (élu du Cottentin).
    Auclerc (docteur en médecine).
    Audier (L. G. à la sénéchaussée d'Aix).
    Augier (Notaire à Cognac).
    Banchetou (avocat en parlement).
    Baudouin de Maison-Neuve (avocat).
    Binot (Principal d'Ancenys).
    Bouvier (Syndic de la principauté d'Orange).
    Claye (laboureur).
    Delâtre (A. Maître des eaux et forêts).
    Ducellier (professeur en droit civil).
    Dupré (fabricant).
    Fleury (agriculteur et fermier).
    Gâgon du Chesnay (maire de Dinan).
    Guillaume (notable de Paris).
    Le Déarn (commissaire aux états de Bretagne).
    Lesterp (juge-sénéchal).
    Loys (premier consul de Sarlat).
    Jamier (greffier du point-d'honneur).
    Martin (licencié ès-lois).
    Mathieu de Rondeville (avocat).
    Mortier (cultivateur).
    Moyat (négociant).
    Murchais (assesseur de la Duché de la Trémoille).
    Nicodesme (échevin de Valenciennes).
    Pœutre des Épinettes (bourgeois notable).
    Pelleren (avocat en parlement).
    Pernet (notaire royal).

Poyat de Lherbey (bailly d'Issoudun).

Poyardet de Maison-Neuve (docteur ès-lois).

Simont (cultivateur au pays de Caux).

De la Terrade (juge-mage du comté d'Armagnac).

Texier (marchand).

Valentin Beruard (bourgeois de Bordeaux).

Vaillant (garde-des-sceaux de la Comté d'Artois).

Viard (L. de Pol. à Pont-à-Mousson) (1).

Voici présentement la liste des Députés qui prétendaient obliger le Roi, leur maître, à nous donner une constitution pareille à celle des Anglais, (sans avoir observé que les deux élémens qui constituent l'Angleterre sont l'hérésie et l'usurpation.) Ils n'entendaient en aucune façon militer pour le parti d'Orléans, et voici quels étaient ces judicieux publicistes : Le Garde-des-Sceaux, le Comte Stanislas de Clermont-Tonnerre et le Comte de Virieu (qui s'en est bien repenti), les Comtes de Lally-Tollendal, de Toulongeon, de Sérent, de Linières et d'Angosse; le Prince de Poix, le Marquis d'Estourmel et celui de Bonnay; Messieurs Mounier, Malouet, Cremière, et finalement les sieurs Dabadie, Redon, Boussinard, Durget, Dufraisse, Le Brun, Deschamps et Nourrissart. Apparemment qu'ils espé-

---

(1) Voyez aux pièces justificatives la déclaration fraternelle *des Membres de la Noblesse, en faveur des députés du tiersétat qui sont restés fidèles à leur serment*, et pour qui les signataires se réservent de solliciter des lettres d'anoblissement lorsque l'autorité royale aura été rétablie. (*Note de l'Éditeur.*

raient arriver à la pairie dans quelque chambre haute? Si jamais le bon Dieu les excuse en sa miséricorde et les admet aux félicités de son saint paradis, ce sera, par ma foi, dans la piteuse confrérie de ces pauvres innocens, pour qui je vous ai vu verser tant de larmes à Jossigny (1).

La majorité de ladite Assemblée nationale se composait d'orléanistes, de jansénistes et d'anarchistes ; d'administrateurs économistes et négrophiles, de démocrates royaux, de nigauds patriotiques et de républicains enragés. Il est juste de les désigner en pêle-mêle, attendu qu'à l'Assemblée nationale, au moins, ils n'ont jamais manqué de voter ensemble. Voici quels étaient les plus renommés d'entr'eux, et j'aurai soin d'orthographier leurs noms d'après leur vocabulaire de 92.

Louis-Philippe Orléans, D'aiguillon, Menou, Sillery, Victor Broglie, Beauharnais (le jeune), Rochambeau, Mirabeau l'aîné, Montesquiou, Mathieu Montmorency, Deluynes, Degouy-D'arcy, Charles et Alexandre Lameth, Talleyrand (Évêque d'Autun), La Rochefoucauld-La Rochefoucauld, La Rochefoucauld-Liancourt, Lafayette, Crillon, Luzignan, Castellane, Arthur Dillon, Lépelletier-St.-Fargeau, Dubois-Crancé, Péthion, Guillotin, Lanjuinais,

---

(1) Vous souvenez-vous aussi d'avoir pleuré toute une journée sur le triste sort de Jésabel, mangée des chiens ? Vous aviez cru que c'était parce qu'elle avait mis *du rouge*, et voilà qui vous alarmait terriblement sur la destinée de votre grand'mère, qui est une rabâcheuse et qui vous permet d'en convenir pour cette fois-ci.

Garat, Populus, Target, Grégoire, Madié-Monjau, Volney, Goupil-Prefeln, Merlin, Camus, Rabaud, Chapelier, Bailly, Barrère, Barnave et Roberspierre. Vous voyez qu'entre Philippe-Égalité, pour chef de file, et l'illustre député d'Arras, ces quarante citoyens du côté gauche étaient honorablement encadrés !

Vous pensez bien que si j'entreprenais de vous faire une histoire des assemblées nationale, constituante et conventionnelle, ce qui me reste de vie n'y suffirait pas ; et plutôt que de vous parler des choses que tout le monde connaît, je vous parlerai des personnes que vous ne sauriez connaître, attendu qu'elles ne sont plus de ce monde ; comme aussi vous parlerai-je avec plus de profit et d'intérêt pour vous, de certaines particularités dans certains événemens que j'ai malheureusement eu l'occasion d'éprouver ou d'observer pendant la révolution.

Je me souviens que, lorsque les électeurs du tiers-état de la vicomté de Paris se furent déclarés en séance permanente, l'ordre de la Noblesse avait arrêté, à la pluralité de 174 voix, qu'on allait envoyer des commissaires pour se concerter avec le troisième ordre, à dessein de se maintenir en bon accord, et le Clergé de Paris ne manqua pas à s'y déterminer sans avoir eu le temps de se concerter avec les Nobles.

M. Necker avait intrigué sourdement, et M. le Comte d'Artois fut obligé d'écrire à l'assemblée de la Noblesse que des ordres du Roi l'empêchaient de venir y siéger ; « *mais je donne à la chambre,* « ajoutait ce prince, et chaleureusement à la chè

« valière, *je vous donne la ferme et certaine assurance*
« *que le sang d'Henri IV, mon aïeul, a été transmis à*
« *mon cœur dans toute sa pureté, et que tant qu'il*
« *m'en restera une seule goutte dans les veines, je sau-*
« *rai prouver que je suis né Gentilhomme français.* »

Les Gentilshommes du côté gauche ne lui en tinrent compte, et les bourgeois lui firent répondre, par l'organe de M. Bailly, que dans l'état des choses, c'était digne d'être né *citoyen* français, qu'il aurait fallu dire. Voici qui suffira pour vous donner une idée de l'excellente judiciaire de ce *Vertueux* Bailly. Du reste, M. Mounier, qui était Dauphinois, et qui, par cette raison-là, ne pouvait manquer d'avoir autant d'esprit et de vertu que M. Bailly (pour le moins), M. Mounier, vous dirai-je, a fait imprimer un ouvrage dans lequel il adresse à M. le Comte d'Artois précisément la même observation, le même conseil et les mêmes reproches (1).

Il n'était pas jusqu'aux simples choses d'étiquette et de cérémonial qui n'eussent l'inconvénient d'offusquer ces gens de roture. Ils prétendaient que M. de Barentin avait médité de les faire agenouiller devant le Roi pour opérer la présentation de leurs cahiers, ce qui, du reste, aurait été de justice, attendu que c'était de coutume. Ils se dépitèrent outrageusement de ce que l'Évêque de Nanci, M. de la Fare, avait dit au Roi dans son discours de pré-

---

(1) Jean-Joseph Mounier, député du tiers-états du Dauphiné à l'Assemblée constituante, créé Baron par Buonaparte, et mort Préfet du département d'Ille-et-Villaine en 1806.

(*Note de l'Éditeur.*)

sentation, qu'il suppliait Sa Majesté d'agréer *les respects du Clergé de France, les hommages de sa fidèle Noblesse, et les doléances avec les très humbles supplications du tiers-état* (1). Ils étaient révoltés de ce que l'entrée majeure de la salle des séances avait été réservée pour les membres des deux premiers ordres, comme aussi de ce qu'ils n'y pouvaient arriver que par une porte latérale, et voyez le fameux grief! Il n'était pas jusqu'aux choses de prescription pour les funérailles qui ne les missent en irritation. A l'effet d'introduire les Députés des trois Ordres qui étaient venus de Meudon pour y jeter de l'eau bénite aux pieds de feu M. le Dauphin, dont le corps était exposé sur une estrade en chapelle ardente, le Marquis de Brézé (ils sont Grands-Maîtres des cérémonies, de père en fils, depuis quatre à cinq générations), cet Officier de la Couronne ne manqua pas d'aller dire en s'inclinant devant le corps du défunt, à voix basse et funèbrement : *Monseigneur, la députation des trois États du Royaume.* — Voyez donc, disait à M. de Cypière, en s'en allant, M. Goupilleau, qui était un notaire de Montaigu en Poitou, voyez donc s'il est possible et permis de porter aussi loin l'orgueil de l'étiquette et l'insolence aristocratique... annoncer une députation de l'Assemblée nationale à un enfant mort!...

(1) Anne-Ludovic-Henry de la Fare, ancien Évêque de Nancy, Cardinal, Archevêque de Sens, Évêque d'Auxerre et Primat de la Gaule Belgique, Duc et Pair de France, Premier Aumônier de Madame la Dauphine, et Commandeur de l'Ordre roya du Saint-Esprit, mort à Sens, en 1829, âgé de 77 ans.

(*Note de l'Éditeur.*)

S'il avait vu qu'on dressait et servait un couvert à côté du cercueil de l'Enfant royal, à l'heure de ses repas, il en aurait dit de belles choses et profondément judicieuses ! Ces bourgeois philosophes étaient choqués par toutes les choses auxquelles ils ne s'attendaient pas et qu'ils ne savaient point, de sorte qu'ils se trouvaient animadversés continuellement.

A propos de ce député Goupilleau, qui était garde-notes et procureur-fiscal de mon neveu de Tessé pour sa vicomté de Montaigu, je vous dirai, tout en vous priant d'excuser la pauvreté de l'anecdote, qu'un pourvoyeur de l'hôtel de Tessé l'avait rencontré sur le bord de la rivière, au-delà des Invalides, et qu'il était à s'y promener avec l'air de s'impatienter.

— C'est un de mes amis, dit-il à ce domestique, un député de Paris, qui m'a donné rendez-vous pour dîner au Gros-Caillou; il m'a dit que je le trouverais au Gros-Caillou entre l'Esplanade et l'École militaire, et je n'y vois rien ! Il avait pensé que ce devait être à côté de quelque gros caillou, qu'il ne pouvait découvrir. J'ai quelque honte, en vérité, de vous avoir entretenu de si petite gent, ledit Goupilleau n'étant pas même un de ces roturiers du tiers-frisé, qui savaient marcher les pieds en dehors.

Je ne vous parlerai pas, à l'occasion de ce Poitevin, des naïvetés de madame Bailly, dont on a fait des ana volumineux. Je n'ai jamais eu *l'avantage* de la rencontrer, et tout ce que j'en sais qui n'ait pas obtenu les honneurs de l'impression, c'est qu'en entrant dans le premier salon de l'hôtel de la Rochefoucauld, elle se trouva si confondue de surprise et si remplie d'admiration pour deux grands vases de Sèves qui sont accolés à la porte, qu'elle se mit à crier, avant de saluer et de rien dire à la Duchesse d'Anville : — Ah! les Beaux Pots!

Il était fâcheux d'aller souvent dans les tribunes de l'Assemblée nationale à cause de la compagnie qui s'y trouvait. Un certain jour de belle séance, il y avait eu malentendu de la part de votre père; il n'avait pas écrit au président, et l'on m'avait fait entrer dans une mauvaise logette à côté de la porte. Arrive une espèce de tricoteuse en gants de soie, qu riait à grande bouche en causant avec un jouvenceau couleur de rose et blond, qu'elle endoctrinait en philosophisme, et qui rougissait quelquefois, le pauvre enfant. Les voilà qui s'asseyent et la conversation continue. J'entends qu'il est question de l'Ecriture Sainte, et la dame se met à dire avec un air de malice et d'enjouement séducteur, que si la chaste Suzanne avait été une vieille femme entre deux jeunes gens, elle aurait eu plus de mérite...... J'aperçois Mme de Milon qui m'indiquait une place à côté d'elle, je lui fais un signe affirmatif, et je me lève tout de suite ; mais voilà cette femme qui dit effrontément à son bachelier : — Il est bien contrariant pour nous que Mme la M^{ise} de Créquy ne veuille pas nous laisser l'espérance de profiter de sa conversation !... Je la regarde entre les deux yeux : — Pour ce que je vous aurais dit, vous n'y perdez pas grand'chose! et je m'en allai sans autre compliment. On vint nous dire ensuite que c'était une madame de Condorcet.

Le Maréchal de Richelieu nous disait une fois

qu'auprès des femmes galantes, les jeunes gens sont des riches honteux. Je lui répondis que les gens qui ne sont plus jeunes, et qui s'occupent de galanterie, sont des mendians effrontés.

Je ne sais pourquoi je ne vous ai pas encore parlé de la Comtesse de Milon, votre parente. Elle était la seconde fille de Jacques-Charles, Marquis de Créquy, agnat en chef de votre branche, et de Marie-Louise de Monceaux-d'Auxy, laquelle était la tante paternelle de ma très-bonne et très chère amie la Duchesse de Fleury. Le Marquis Jacques-Charles avait été Menin du Dauphin Louis IX, qui l'estimait et l'aimait comme un frère; il avait obtenu la Grand'Croix de Saint-Louis sur le champ de bataille de Fontenoy, et son éloge, à titre d'Officier-Général, se trouve partout. Il avait eu pour fille aînée la Comtesse d'Aubéry, dont votre père a toujours pensé qu'il avait à se plaindre ; mais ce seraient des tracasseries surannées dont je vous éviterai l'ennuyeux récit. Nos relations avec la Comtesse de Milon de Mesne ont été toujours de la meilleure nature ; elle est glorieuse de son nom de Créquy, et voilà ce que je ne lui reproche pas. Elle a toujours agi de concert avec nous dans toutes les occasions familières, et notamment dans cette affaire contre MM. Lejeune, où cette chère Comtesse avait pris une peine infinie. Ma nièce de Milon, disais-je, équivaut dans un procès généalogique à trois Bénédictins, c'est à savoir Dom Chartrier, Dom Procureur et Dom Trésorier. Elle se tient continuellement dans ses terres, et c'est un véritable contrariété pour nous.

CHAPITRE V.

Quelques satires contemporaines. — Chansons du Marquis de Créquy, du Vicomte de Ségur et de M. de Champcenets. — Épigrammes de Rivarol et de Mme de Montrond. — Notice sur cette dernière. — Similitude et dissemblance de cette Dame avec M. son fils.

Enfin, les beaux jours de la France
Ont ranimé notre espérance
Et vont apaiser tous nos maux;
Vivent les Etat-Généraux?
Le soleil ne luit pas encore;
Mais déjà la brillante aurore
S'apprête à dorer nos coteaux ;
Vivent les États-Généraux !

Déjà, s'embarquant sur le coche,
On peut (sans argent dans sa poche)
Suivre la liberté des eaux ;
Vivent les États-Généraux !
Et dans son jardin, le Roi même,
Se livrant au plaisir qu'il aime,
Pourra tirer quelques moineaux·
Vivent les État-Généraux !

Plus de Clergé, plus de Noblesse.
Plus de Baron, plus de Duchesse,
Nous allons être tous égaux ;
Vivent les États-Généraux !
Chacun gardera son hommage
Pour les vertus et le courage
Des Lameth et des Mirabeaux ;
Vivent les États-Généraux !

―――

Le vigneron chez un Ministre,
Chez Maman, comme chez un cuistre
Viendra sans quitter ses sabots.
Vivent les États-Généraux !
Et bientôt la poissarde, assise
A la table de la Marquise,
Y reverra ses maquereaux ;
Vivent les États-Généraux !

―――

Dans Paris, ainsi qu'à Bysance,
Nous végétions dans l'ignorance,
Portant des fers et des bandeaux ;
Vivent les États-Généraux !
Mais grâce aux lois qu'on nous prepare,
Il devient chaque jour plus rare
De voir des fripons et des sots ;
Vivent les États-Généraux !

Toutes les femmes seront belles,
Tous les époux seront fidèles,
Tous les amis francs et loyaux ;
Vivent les États-Généraux
Les mœurs vont régner dans nos villes.
La paix dans nos districts dociles,
La vérité dans nos journaux ;
Vivent les États-Généraux !

———

Plus de commis, plus de gabelles,
Plus de procès ni de querelles,
Plus de misère et plus d'impôts ;
Vivent les États Généraux !
Chacun vivra dans l'abondance,
Chacun pourra faire bombance,
Ah ! que de poules dans les pots !
Vivent les États-Généraux !

———

Déjà nos sages du Manége,
Proscrivant l'hiver et la neige,
N'ont plus de feu dans leurs bureaux !
Vivent les États-Généraux !
D'autres décrets non moins utiles
Vont remplir de moissons fertiles
Et nos greniers et nos tonneaux ;
Vivent les États-Généraux !

———

SOUVENIRS

Dans Athène ou l'ancienne Rome,
Connaissait-on *les droits de l'homme*
Les connaît-on chez nos rivaux ?...
Vivent les États-Généraux.
Les Solons anciens et modernes
N'étaient que d'obscures lanternes
Auprès de nos mille flambeaux ;
Vivent les États-Généraux !

———

En tous lieux leur sagesse brille,
Elle a démoli la Bastille !
Elle éclaire encore nos châteaux ;
Vivent les États-Généraux !
Ainsi l'astre dans sa carrière,
Brûle en épanchant sa lumière,
Et ses feux n'en sont que plus beaux
Vivent les États-Généraux !

———

Détruisons nos ports et nos flottes
Instrumens des anciens despotes!
Brûlons nos tours, nos arsenaux !
Vivent les États-Généraux !
Le drapeau blanc n'est plus de mise
Liberté sainte est la devise
De nos guerriers nationaux ;
Vivent les États-Généraux !

———

Animons ces feux d'allégresse
Par tous les transports de l'ivresse ;
Inscrivons sur nos chapiteaux.
Vivent les États-Généraux !
Payons des *Garats*, des *Varvilles*,
Et dans nos joyeux vaudevilles,
Faisons dire à tous les échos,
Vivent les États-Généraux !

Je ne sais pourquoi l'on a dit que cette jolie satire était de M. de Bonnay, tandis qu'elle était de mon fils, et je vous dirai que plus tard, il avait, de concert avec le Vicomte de Ségur, ajusté les noms de MM. les députés à l'Assemblée nationale en forme d'*appel nominal,* et sur l'air des *Drapeaux.* (La chanson sur l'air du menuet d'*Exaudet* n'approchait pas de celle-ci.) Je vous en rapporterai seulement deux couplets qui firent beaucoup rire aux dépens de certains démocrates.

Bailly, Roy, Maitre, Valet,
Beauharnais, Petit, Muguet,
Maillot, Long, Gillet, Bonnet
Trivière.
Haut-du-Cœur, Bonnefoy,
Robespierre,
Et Lafayette, Desroys,
Tonnerre !
Croix, de Pardieu, Geoffroy, Lasnier.
Leblanc, Meusnier,
Blin, Tavernier (*de la Palisse*),
Et Barnave, Le Boucher,
Périsse !

Chou, Sallé, Pain, Fricaut,
Perdrix, Merlezay, Vanneau,
(*De Guisnes*),
Prudhomme, Endurant Grillon,
Le Bandi, Péthion, Criffon,
Le Noir et Le Gros, Cochon,
De Luynes.
De Périgord, Le Payen,
Castellane, Barbotin,
Lasnon, Cher, Fils, de Martin,
Le Mulet, Cousin, Germain,
De Broglie........

Les chansonniers en étaient restés là, parce que ce nom savoyard a toujours été sans rime ni raison.

Au milieu de cette petite guerre en épigrammes dont les démocrates, et notamment le *ci-devant* Prince de Broglie, se sont cruellement vengés, comme chacun sait, je ne manquerai pas de vous rapporter une belle chanson que M. votre père avait composée sur l'air de la *Marche de Prusse*; vous verrez qu'elle porte principalement sur la Noblesse du parti démocratique, car il ne s'y trouve que cinq à six noms du tiers-état ou du bas clergé; et voici la teneur de ce fameux couplet·

Guillotin, l'incisif,
Cordon, le suspensif,
Menou, poussif,
Lameth, expéditif,
Barnave, récriminatif,
Et Bailly, justificatif,

Marnézia, végétatif,
Et Lusignan, l'imitatif,
La Rochefoucauld, l'élocutif,
Target, régénératif.
D'Orléans, fugitif, craintif, supuratif,
Montesquiou, productif, fictif,
Broglie, fautif et chétif,
Custine, oisif,
Et Robespierre, accusatif.
De Bourges, le contemplatif
Et Sillery, le lucratif,
La Blache, vif et processif,
Lafayette, l'impératif,
De Luynes, massif, passif,
Et de Lasnier, portatif.
Clermont, rétif,
Biencourt, plaintif,
Talleyrand, juif,
D'Aiguillon, tous les maux en *if*,
Et Mirabeau, superlatif.

Mme de Montrond avait laissé tomber de sa bonne plume un portrait de M. de Talleyrand, qui fut trouvé d'une vérité parfaite et d'une ressemblance affreuse (1).

(1.) Angélique-Marie d'Arlus, Comtesse de Montrond. Elle a composé pendant la révolution française un grand nombre d'opuscules aussi judicieux que remarquables, et notamment la fameuse romance du *Troubadour Béarnais*. Elle est morte en 1827, âgée de 82 ans. M. le Cte Casimir de Montrond est le second fils de cette vénérable et spirituelle personne; il a sans aucun doute hérité de l'esprit de Mme sa mère; mais il ne paraît pas qu'il ait hérité de son aversion pour M. de Talleyrand.
(*Note de l'Éditeur.*)

« Sans cœur et sans talent, beaucoup de suffisance,
« A la Banque, à la Bourse, escroquant dix pour un ;
« Dans ses propos rompus outrageant la décence,
« Tel était autrefois le pontife d'Autun.
« Plus heureux aujourd'hui, sa honte est moins obscure ;
« Froidement, du mépris il affronte les traits ;
« Il enseigne le vol et prêche le parjure,
« Et semant la discorde il annonce la paix.
« Sans cesse on nous redit qu'il ne peut rien produire,
« Et que de ses discours il n'est que le lecteur,
« Mais ce qu'un autre écrit, c'est d'Autun qui l'inspire, etc.

Je ne saurais m'empêcher d'adjoindre encore à ces trois ou quatre mémorations satiriques, une épigramme de Rivarol à l'occasion d'une ordonnance de M. Bailly pour interdire les masques, et relativement à ce que Mme de Staël avait osé s'apposter et se tenir debout pendant la messe à la chapelle des Tuileries, précisément en face de la Reine (laquelle avait eu, comme on sait, l'extrême bonté de négocier le mariage de Mlle Necker avec un Ambassadeur). Ceci fut trouvé d'une insolence intolérable, à raison des hostilités perfides et des cruautés dont la malheureuse Princesse était devenue l'objet, de la part de cette protestante qui ne s'agenouilla seulement pas au moment de l'élévation.

« Malgré l'avis salutaire
« Émané du tribunal
« De Monseigneur notre maire,
« Que nul en ce carnaval,

« Ne soit assez téméraire
« Pour se masquer bien ou mal,
« J'ai vu dans le sanctuaire
« Du domicile royal
« Le masque d'une mégere
« Monté sur deux pieds d'estat.

CHAPITRE VI.

Le Roi, la Reine et les Ministres. — Caractères du garde-des-sceaux, du Ministre de la marine et du Ministre de la guerre. — Le Maréchal de Broglie. — Le Chevalier de Coigny et ses anagrammes. — Anecdotes sur le Maréchal et la Maréchale de Broglie. — Le Président Hocquart et l'aversion qu'il avait pour eux. — Une séance de l'Assemblée nationale. — Le rappel à l'ordre. — Le Cardinal de La Rochefaucould, la Duchesse d'Anville et le Duc de Liancourt. — Réminiscence aristocratique et surannée de l'auteur. — Principaux orateurs des deux partis. — Citations. — Target, Camus, Péthion, Mirabeau, l'abbé Fauchet, Robespierre, etc. — L'abbé Maury, Cazalès, et autres orateurs du côté droit. — Remarques sur l'art oratoire. — De l'éloquence païenne, de l'éloquence chrétienne et de l'éloquence révolutionnaire. — Quelques détails sur MM. de Biron, du Châtelet, de Custine et de Beauharnais. — Regrets de l'auteur sur ce qu'ils avaient embrassé le parti démocratique.

Le Roi n'avait et ne pouvait avoir encore aucune expérience des malhonnêtes gens. Il avait espéré que son extrême bonté pourrait influer salutairement sur les dispositions du Duc d'Orléans ce qui prouve assez qu'il ne comprenait pas ce méchant homme, ou qu'il ne pouvait croire à la perversité de certains caractères. La Reine en était mieux prévenue; mais il est des choses qu'une honnête jeune femme ne dit pas à son mari, quand elle est bonne, et surtout quand il est Roi. Je puis vous assurer que ce restant de confiance et de considération pour un prince de son sang, disposition qui subsistait encore chez Louis XVI en 1789, et qui résistait, au fond de son cœur de Roi, contre un décri général et de particuliers griefs en multitude; soyez assuré, vous dis-je, que ce reliquat de bonne volonté pour son cousin d'Orléans n'avait tenu, jusquici, qu'à la délicatesse et à la parfaite discrétion de la Reine...

Cette princesse avait souvent des aperçus lumineux; elle avait dans les idées plus d'élévation que de profondeur, peut-être; mais on y trouvait de l'étendue dans une autre direction qu'on pourrait nommer l'*horizontale*, c'est-à-dire au niveau de l'œil humain; et pour apprécier exactement toute sorte de choses où son regard pouvait atteindre, si minimes et si loin qu'elles fussent devant elle, et fussent-elle au bout de son horizon, la clairvoyance de la Reine était sans pareille! Elle y mettait (dans ses idées) de la vivacité, de la méthode et de la suite. Elle était capable d'une grande persistance; elle était susceptible de résolution courageuse; enfin cette Princesse avait de la tête et du cœur, mais les bras lui manquaient, pour ainsi dire, et j'ai toujours vu que, dans ses meilleures combinaisons de justice et d'autorité, les ministres et les principaux conseillers du Roi, son mari, lui faisaient défaut du côté de l'intelligence et de l'énergie. Au reste, et je n'en serai démentie par aucun de nos contemporains, je ne crois pas qu'il y ait jamais eu des ministres plus incapables et des conseillers plus mal habiles, des amis plus inutiles et des familiers plus dangereux, des protégés plus hostiles et des sujets plus ingrats, que ceux du Roi Louis XVI.

Je vous dirai que M. de Barentin, ce Garde-des-Sceaux qui nous a fait tant de mal, était néanmoins un homme de savoir et de bon vouloir. Il avait assez d'esprit qui ne servait à rien, parce qu'il avait plus de gaucherie que d'esprit. Il agissait presque toujours en malavisé, pour administrer la sévérité judiciaire ou pour appliquer la miséricorde à contre-temps. Quand il était en plein droit et qu'il avait la bonne occasion de sévir avec autorité, il entamait des négociations interminables, et quand il entreprenait de parlementer pour endormir les gens, il ne manquait pas de brusquer son monde et de le faire cabrer. Il avait de la peine à s'énoncer en bons termes, et cet inconvénient d'élocution (dont il avait été prévenu par les pamphlets), le faisait ânonner comme en bégayant, parce qu'il hésitait continuellement et péniblement entre des locutions châtiées et les expressions les plus communes. Il en résultait qu'il avait toujours la parole obscure, ambiguë, maussade, obtuse; et comme il n'écrivait pas mieux qu'il ne parlait, tout ce qu'il aurait eu de profitable au service du Roi se trouvait neutralisé par ses défauts naturels. Ce n'est pas le tout que de faire de bonnes choses et dire de bonnes choses, il faut s'appliquer à les bien faire, il faut apprendre à les bien dire : la volonté, la science et la bonne intention, sont des élémens de succès qui ne profitent à rien s'ils ne sont pas bien employés. Il en est pour toute sorte d'affaires ainsi que de la cuisine, il n'y a de parfaitement bon que ce qui est bien fait.

A l'exception du Comte de Saint-Priest, il n'était pas un homme dans le conseil des Ministres ou dans les conseils privés qui fût en état d'ouvrir un avis salutaire et de porter un secours efficace à la monarchie.

Le Comte de Montmorin n'avait que des qualités négatives; il était déplaisant par excès d'insignifiance, et du reste il était avili par la souplesse de ses résolutions, dont le mobile avait toujours été le quant à moi.

Avec certaines qualités dangereuses, le Ministre de la guerre avait des défauts qui ne l'étaient pas moins, et quant à son bras droit, le Maréchal de Broglie, lequel était abhorré de l'armée, je vous dirai surabondamment qu'il était l'homme du monde le plus fâcheux et le plus ridiculement insupportable. C'était à raison de sa dévotion désobligeante, et de la gaucherie de son affectation rigoriste, à cause de sa témérité suffisante, et principalement à cause de son arrogance à laquelle personne ne voulait accéder.

Le Comte de la Luzerne était un homme d'esprit, de conscience et de spécialité (mot nouveau), mais il ne s'entendait qu'à la marine, et ne voulait s'occuper que de la marine. Assisté du Chevalier de Bausset, Lieutenant-Général des armées navales et très habile homme de mer, ils auraient opéré des merveilles administratives en temps ordinaire; mais vous pensez bien qu'il ne suffisait pas du Comte de Saint-Priest et du Chevalier de Bausset pour tenir tête à toutes les corruptions du dix-huitième siècle, à des États-Généraux convoqués sous l'influence du philophisme, et surtout pour entraver les opérations révolutionnaires de M. Necker, qui était devenu Ministre des Finances et qui dominait dans le conseil.

Il y avait encore à la cour un homme de *spécialité* qui avait la confiance et l'oreille des princes, mais il ne savait faire autre chose que des anagrammes, et c'était M. le Chevalier de Coigny. En cherchant à rivaliser avec ces deux illustres anonymes qui avaient eu le bonheur de trouver dans MARIE TOUCHET, *je charme tout*, et dans FRÈRE JACQUES CLÉMENT, *c'est l'enfer qui m'a créé*, il avait fini par découvrir dans le nom de MALOUET, *vote mal*, et dans celui DE LA FAYETTE, *déité fatale*. En disloquant ASSEMBLÉE NATIONALE, et déplaçant toutes les particules intégrantes de ces deux mots si respectables, il en avait fait en forme d'anagramme, une belle antithèse épigrammatique; mais je ne vous en dirai pas davantage, à dessein de vous exercer l'esprit (1); il avait trouvé dans le mot DÉMOCRATE, *me décrote*, et dans la qualification d'ARISTOCRATE, *ota l'iscariote*, ce qui n'était peut-être pas aussi piquant et supérieurement bien acéré. Enfin, dans un accès de mécontentement politique et dans une bouffée d'irritation contre l'Abbé Mauri, cet ingénieux courtisan fabriqua l'épigramme suivante, et c'est, je crois bien, le principal service qu'il ait rendu à la cause royale.

(1) *Nation lésée la blâme.*   (*Note de l'Éditeur.*)

« Deux insignes chefs de parti,
« D'intrigue ici tiennent bureau ;
« Chacun à l'autre est assorti,
« Même audace et voix de taureau.
« L'on pourrait faire le pari
« Qu'ils sont nés dans la même peau,
« Car retournez *Abémauri*,
« Vous y trouverez *Mirabeau*.

Je reviens sur le Maréchal, Duc et Prince de Broglie (avait-on comblé ces gens-là !) pour vous dire que notre bon ami le Premier Président Hocquart ne le pouvait endurer ni tolérer (1). Il nous contait comment ce Maréchal, étant gouverneur de Metz, avait pris la résolution d'y faire bâtir un hôtel du gouvernement (qui est aujourd'hui le palais de justice) ; on en dessina le projet, comme de juste, et tout ce que le régulateur de cet édifice avait exigé des architectes lorrains, c'était, disait-il en ses missives, la plus grande *étendue*, comme aussi la plus grande *solidité* de construction, la plus grande *sévérité* d'apparence, la plus grande *sobriété* d'ornemens, enfin la plus grande *simplicité* possible. On aurait dit qu'il était question d'une capucinière, et du reste, on disait que cet étrange Duc et Pair avait eu le bon goût de faire édifier avec des rocailles et des cailloux-roulés de toute couleur, un grand château dans la paroisse de Ferrières en Basse-Normandie,

(1) Premier Président du Parlement de Metz, à dater de l'année 1882 jusqu'à l'époque de la révolution. C'était un bel esprit des plus agréables et des plus droitement judicieux de notre bon temps.   (*Note de l'Auteur.*)

dont il était devenu Seigneur et à laquelle il avait fait appliquer magnifiquement son nom de famille. Il avait donc approuvé les plans, les devis, les élévations, la façade et toutes les distributions intérieures de ce palais pour les gouverneurs de Lorraine; on s'attendait à le trouver satisfait de la *simplicité* de cette grande maison, qui ne laisse effectivement rien à désirer; mais le voilà qu'on voit sourdre à Metz, inopinément, comme de sous-terre et comme un Gnôme, un nain rabat-joie, rabougri, difforme et porte-guignon. — Qu'est-ce que j'aperçois-là... qu'est-ce qu'on a fait là ! qu'est-ce que vous avez fait malgré ma défense ...... se mit-il à crier de cette horrible voix qu'il a tout à la fois aigre et sourde, déchirante et caverneuse. — Vous avez mis deux colonnes à la grande porte; abattez-les ! abattez-les-moi ! abattez-les tout de suite !...... Et puis, voulant maîtriser dévotieusement un mouvement d'emportement et d'indignation si juste et si naturel, il ajouta, pour l'édification des assistans, avec un accent contenu, mais avec un air de sapience et d'humilité risible : — *Les colonnes ne sont faites que pour les temples !*

On fit tomber ces deux chapiteaux qui l'offusquaient; il ne voulut pas désemparer qu'il n'eût fait démolir ces deux colonnes de scandale : ensuite de quoi M. le gouverneur s'en alla se coucher aux flambeaux et processionnellement, dans une chambre d'auberge, avec une allure et d'un air aussi pédantesquement solennel et compassé, que s'il avait fait l'exécution la plus méritoire, et s'il avait ajouté cette belle sentence aux maximes du Roi Salomon.

Il est bon d'ajouter qu'il s'était fait escorter par tout l'état-major de la place, et qu'il était deux heures et demie du matin.

Quant à son aimable compagne et digne épouse, je ne vous en raconterai qu'une seule anecdote, et je pense qu'elle vous suffira. Je vous dirai donc prestement qu'elle était allée passer une soirée du lundi-gras chez la Première Présidente de Lorraine, et qu'elle se mit à dire, avec un ton rude et sévère, à ses deux pauvres filles (Mmes de Boisse et de Lestang-Murat), qui se tenaient assises dans un coin de la salle, à portée d'un groupe d'officiers : — Pourquoi restez-vous-là, Mesdames? Apprenez que ce que disaient ces Messieurs doit vous être aussi étranger que l'histoire romaine !

Cette habile et spirituelle personne avait la plus grande influence sur les déterminations de son mari, que la plupart des courtisans s'opiniâtraient à considérer comme la meilleure tête et le bras droit du côté droit. Je vous ai parlé des principaux révolutionnaires et des moyens d'attaque employés contre nous; vous voyez quels étaient nos hommes d'élite et nos élémens de résistance.

Avant d'en arriver aux énormités, l'Assemblée nationale avait commencé par faire des sottises, car le crime pour le fond et le ridicule pour la forme est la révolution toute entière. Je me souviendrai toujours d'une séance où j'assistais côte à côte avec la Duchesse d'Anville, à qui je ne disais pas grand'chose. M. le Cardinal de la Rochefoucauld, du même nom qu'elle, était l'homme de France le plus mesuré, le plus discret, et le plus modestement

prudent. Il avait cru, néanmoins, pouvoir se permettre de répondre à voix basse à l'Évêque de Laon, qui venait de lui dire une ou deux paroles à l'oreille, et voilà que le président de l'Assemblée (nommé Dandré) se mit à crier furieusement :
— M. de la Rochefoucauld, le cardinal, je vous rappelle à l'ordre! Tout le monde en fut révolté, en disant que ce Dandré n'était qu'un insolent, et que le plus chétif parent du Cardinal ne pouvait se dispenser de lui donner des coups de bâton. Le Duc de la Rochefoucauld-Liancourt, Pair de France et connu par une patience à toute épreuve, ne pouvait cependant résister à cette épreuve-ci, vint-il dire à Mme d'Anville qui était l'encyclopédisme et la philosophie stoïcienne en bonnet monté; M. de Liancourt alla donc parlementer avec ses amis Target et d'Aiguillon, qui lui conseillèrent apparemment de faire violence à son impétuosité naturelle (ainsi qu'à l'ordinaire), et puis il s'en vint dire à ma voisine que, toute réflexion faite, on n'avait rien à reprocher au président de l'Assemblée, parce que c'était l'Archevêque de Rouen qui se trouvait dans son tort; mais il ajouta que l'honneur de ce Cardinal et celui de leur famille ne s'en trouverait pas entaché, parce que M. Dandré venait de lui faire espérer que le procès-verbal de la séance n'en ferait pas mention. Toute cette plate-bande philosophique et philantropique des La Rochefoucauld-Liancourt m'est odieuse à l'égal de la maison d'Orléans et de la race des Nassau-d'Orange; mais je vous ai déjà dit qu'il ne restait plus personne de celle-ci; ne le perdez pas de vue; et si vous avez jamais à traiter de couronne à

couronne avec ces autres Nassau qui prennent le nom de princes d'Orange, et qui sont devenus Stathouders, n'oubliez pas que s'il appartient à l'une des deux de primer sur l'autre, ce n'est pas à leur petite couronne de comte. Parce qu'il y a des gentilshommes allemands qui se font appeler Votre Altesse, je n'ai jamais compris comment un pennon français pourrait s'incliner devant un cimier tudesque? Hélas? mon Dieu! c'est en présence de Marat Coupe-tête et de Philippe-Égalité que je vous parle ainsi. Ceci vous prouvera la force de l'habitude, et je n'ai pas besoin de vous faire souvenir que j'étais née sous le règne de Louis XIV. Je ne saurais oublier que j'ai vu le père de l'Empereur aujourd'hui régnant, remplir son obligation de foi et d'hommage aux pieds du Roi Très-Chrétien, séant sur son trône, et s'en acquitter à genoux.

Nous en étions restés dans les tribunes de l'Assemblée nationale en 1794, et je tâcherai de vous en donner une idée sommaire. Quand on venait dire aux membres de cette assemblée : — Messieurs, la populace a violé votre consigne, les jours du Roi sont menacés, volons à son secours, allons entourer sa personne sacrée! le président répondait, au nom de l'assemblée, qu'il serait *au-dessous de la dignité du pouvoir législatif de se transporter dans le domicile du pouvoir exécutif.*

— On vient d'assassiner l'Archevêque d'Arles, votre collègue; on vient d'égorger la Princesse de Lamballe et tant d'autres!........ — *Eh Messieurs!* répliquait ironiquement un jeune député dauphinois, le commensal et l'intime ami de MM. de

Lameth, *le sang qui vient de couler est-il donc si pur?*

On apprend que le Vicomte de Voisins a été traîné *par les cheveux* dans une assemblée populaire de Valence, où il a été massacré sous les yeux des officiers municipaux. — *Il est décrété par l'assemblée que son président écrira le plus tôt possible à la municipalité de Valence, afin de lui témoigner l'estime et la satisfaction que mérite son patriotisme.*

Lorsque le côté droit se levait en masse et criait énergiquement : — On pille, on brûle, on assassine ! mettez fin à tant d'horreurs, nous vous le demandons pour l'honneur de la France, au nom de la patrie et de l'humanité ! En Bretagne, au Maine et dans l'Anjou, en Périgord, en Limousin et dans presque tout le royaume, on dépouille les églises, on incendie les châteaux, on égorge les curés et les seigneurs, on emprisonne les prêtres et les nobles ! on a vu dans plusieurs endroits des officiers municipaux à la tête des brigands !...... on répondait à ceux qui venaient dénoncer les brigands : — *Ce sont des aristocrates qui simulent le patriotisme, afin d'égarer le peuple et de discréditer la cause de la liberté ! Messieurs, je vous recommanderai d'en agir avec une juste défiance, et je crois qu'il est bon d'user d'une douceur prudente envers les citoyens qui sont accusés de brûler les châteaux ou les couvens.* (Robespierre.)

— Prenez garde, Messieurs, s'écriait l'Abbé Maury, prenez garde d'encourager le crime en ayant l'air de tolérer le pillage ! attaquer les propriétés est toujours d'un brigand ! — *Attaquer les propriétés*, lui répondait Garat le jeune, *est quelquefois d'un législateur.*

— Écoutez, Messieurs, écoutez avec attention le récit des attentats qui viennent d'avoir lieu contre les propriétés et les personnes de la Comtesse de la Myre, du Comte et de la Comtesse de Jumilhac, du Duc de la Force, de MM. Magon de la Ville-Huchet, de Kercado, de Saint-Georges..... — *Nous n'avons pas le temps d'écouter des nouvelles de province* (Emmery); *et du reste, il est visible et notoirement connu que tous les accidens dont on fait tant de bruit n'ont été produits que par des méprises.* (Péthion.)

— *En ma qualité de député de la ci-devant Bretagne*, ajoutait Lanjuinais, l'avocat janséniste, *je demande à ce que les cours prévôtales demeureront interdites, et à ce qu'on ne puisse avoir recours qu'aux moyens de représentation, de conciliation et d'exhortation.*

— Mais, ne pourrait-on pas, Messieurs, envoyer quelques soldats, afin de prévenir, sinon réprimer, de pareils désordres?.... — *Allons donc! des troupes soldées? ce serait envoyer des assassins contre des citoyens!* N'allez pas supposer que j'improvise ou que j'ai dénaturé cette belle réplique; elle est du docteur Blin à ce Duc de la Rochefoucauld-Liancourt, qui s'intitulait *l'impartial* et le *modéré*.

Une autre fois, c'étaient le Comte de Clermont-Tonnerre et le curé Privat, deux impartiaux modérés, qui prétendaient que sous le prétexte d'exécuter le décret qui supprimait les armoiries, on était venu dévaster, à l'un son château et à l'autre son église paroissiale. — *Il faut que cela soit ainsi*, répondit un député du côté gauche, appelé M. Lucas.

Je me souviens que ce député Lucas avait fait un

jour une motion pour obtenir que les noms des membres qui s'étaient retirés de l'assemblée fussent *affichés et dénoncés à la malédiction nationale.* M. de Clermont-Tonnerre eut l'innocence de faire observer que cette mesure aurait l'inconvénient de faire insulter, et peut-être massacrer certains députés que leurs affaires avaient appelés dans leurs provinces. — *Eh bien, après!* lui répondit le patriote, et M. Alexandre de Lameth, ajouta qu'il était bon que tous les députés *qui s'absenteraient, fussent traités dans le sens de la révolution;* (ce qui ne l'a pas empêché d'émigrer six mois plus tard.)

On a vu dans tous les journaux de ce temps-là, qu'un digne et pauvre officier de fortune, ancien soldat aux gardes françaises, et criblé de balles et couvert de cicatrices, et qui plus est, âgé de 71 ans, était venu pour se plaindre à l'assemblée de ce qu'il n'avait plus aucun moyen d'existence, attendu qu'on avait supprimé par décret toutes les pensions au-dessus du taux de six cents livres, et que celle dont il avait joui jusque-là, s'élevait, malheureusement pour lui, à la somme de sept cent dix francs. Savez-vous ce que lui répondit M. Camus, président de l'Assemblée nationale! — *Allez demander à dîner à vos parens.*

Quand il arrivait une députation des patriotes de *Seine-et-Oise,* qui venaient se planter en face du côté droit, et qui disaient en regardant fixement ces Messieurs : — *Nous venons ici pour dévouer à l'exécration nationale et à l'infamie tous ceux qui se permettent de faire entendre des argumens fallacieux aristocratiques ou fanatiques dans les discussions de l'As-*

semblée nationale, ainsi que de faire entendre des réclamations contre ses décrets!

— *Je vous assure au nom de l'assemblée que j'ai l'honneur de présider* (c'est M. Le Pelletier de Saint-Fargeau qui répond à ses gens de Seine-et-Oise); *je vous assure, Messieurs, que l'Assemblée nationale est on ne saurait plus sensible aux sentimens que vous venez d'exprimer!*

— *Enfin*, s'écriait un jour le député Reubell, *voulez-vous que la nation soit riche? faites ce que je vais vous dire. Allez puiser dans les trésors et les coffres-forts de l'aristocratie et des financiers, et prenez ce qui s'y trouvera; c'est là, vous dis-je, et c'est uniquement là, que vous trouverez ce qui est indispensablement nécessaire aux besoins et au bonheur de la nation!*

Tous les honnêtes gens du royaume en firent un cri d'indignation! Les patriotes s'aperçurent que cet orateur anarchiste et maladroitement sincère avait été trop loin pour le moment, et ceci détermina M. Garat à nous déclarer, dans son *Journal de Paris*, que cette proposition du citoyen Reubell était *une erreur de la vertu.* Pendant ce temps-là, M. Camus, qui avait été réintégré dans ses fonctions de président, se refusait à *haranguer la ci-devant Reine*, attendu que depuis *l'émancipation nationale*, il ne voyait en elle que *la femme du Roi*, et deux mois plus tard, on voyait dans le journal de M. Camille Desmoulins, que si *si le pouvoir exécutif* s'avisait de le prier à dîner, il le refuserait, ne fût-ce que pour lui faire voir que tout le monde était l'égal du citoyen Capet l'aîné, ainsi que de *madame Véto*, son épouse.

Quand les députés du côté droit se furent séparés de la majorité de l'Assemblée, les honnêtes gens n'osèrent plus aller se placer dans les tribunes, où, du reste, ils n'auraient pas trouvé sûreté pour eux. Je ne saurais dire que ce fut une contrariété pour moi, et si c'était une privation, je n'y fus guère sensible, attendu qu'aucun orateur de l'Assemblée ne m'avait satisfait. L'Abbé Maury provencialisait à nous en faire honte ; M. de Cazalès n'était qu'un orateur de la seconde classe, et son parler ductilement gascon ne me déplaisait pas beaucoup moins que l'accent rude et martelé de son compétiteur Venaissin. Les meilleures choses ne me font jamais assez d'impression quand elles sont mal présentées, mal énoncées, mal dites, et je m'en accuse Si j'avais à porter un jugement sur le talent de nos autres défenseurs à l'Assemblée nationale, je vous dirais que l'un d'eux n'était qu'un phrasier sans consistance, et qu'il mâchait toujours à vide, et qu'il n'attrapait de temps en temps quelques idées qu'à la pointe de l'esprit. Je vous dirais d'un autre député de notre côté droit, que c'était un véritable orateur de restaurateur ; mais je ne sais comment ni pourquoi j'en garde rancune à ces bons messieurs ; car, en vérité, tous les talens, toute la science et la sapience infuse, auraient fini par échouer sur cet inévitable écueil où la fatalité nous entrainait.

Il y avait dans ce qu'il était convenu d'appeler l'éloquence de M. de Mirabeau quelque chose qui m'était insupportable, et ceci n'était pas autant le mépris qu'il y témoignait pour les autres, que la bonne opinion qu'il y montrait de lui-même, avec un orgueil impudemment emphatique et des intempérances d'effronterie auxquelles il ne m'a jamais été possible de m'assouplir et de m'acclimater (1).

Il est à considérer que l'éloquence modeste n'a pris naissance qu'avec le christianisme et le dogme de l'humilité. Le censeur Caton, Caton le rigide, avait l'ennuyeuse habitude de se louer éternellement, et suivant Plutarque, il disait toujours quand on punissait ou condamnait quelqu'un de ses compatriotes, « Il est excusable, en ce qu'il n'est pas un Caton : » Cicéron, l'orateur poli, le Romain délicatement spirituel et l'avocat malicieusement railleur, n'en répète pas moins les louanges qu'il se donne, à tous propos, et le plus souvent hors de propos. Il s'élève en plein sénat au-dessus de Romulus et de Numa ; et dans une lettre à Atticus, il dit ouvertement et simplement « Pourrait-on me reprocher « les louanges que je me donne, puisqu'il n'existe « personne dans tout l'univers qui soit aussi digne « de louanges que moi ? »

Que vous dirai-je à présent d'un orateur pareil

---

(1) Nous avons eu déjà l'occasion de remarquer que Mme de Créquy ne citait pas toujours ses propres bons mots ; et nous trouvons ce qui suit dans le deuxième numéro des *Étrennes aux Châteaux*, recueil royaliste du temps. « On racontait hier que « MONSIEUR, qui parle souvent en langue latine avec Mme la « Marquise de Créquy, lui avait dit du Comte de Mirabeau, « qu'il était *omnis omnibus et consilio manuque*. — Ah ! cer- « tainement, a répondu cette Dame, *consilio* pour décevoir, « et *manuque* pour recevoir. » Il est permis d'assurer que ce mot de Mme de Créquy sur Mirabeau est une des épigrammes les plus ingénieuses dont ce fameux révolutionnaire ait été l'objet.

(*Note de l'Editeur.*)

à M. Target, qui nous préparait, disait-il, une constitution *douce* comme la nature, en nous faisant espérer le *bonheur et la paix* suivis du *calme et de la tranquillité* (1). Voulez-vous que je vous parle d'un M. Goupil de Prefeln qui reprochait au Marquis de Foucauld de vouloir allumer la *pomme de discorde*? Aimeriez-vous mieux que je vous entretinsse de l'Abbé Fauchet qui disait en présence de quarante Évèques de France, et devant un public français : » Oui, Messieurs ! c'est l'aristocratie qui a cru« cifié Jésus-Christ, et c'est *uniquement* le fils de« Dieu qui doit être la divinité concitoyenne et dé-« mocratique du genre humain ! » Il entrevoyait apparemment quelques inconvéniens du pouvoir absolu dans le Père éternel, et quant au Saint-Esprit, il ne s'en embarrassait non plus que de la Sainte Vierge et du Saint-Siége apostolique ; mais comment trouvez-vous sa période de rhétorique et de théosophie constitutionnelles ?

En définition conclusive, on a fait et laissé faire la révolution pour un déficit de cinquante-six millions de rente que la Noblesse et le Clergé avaient proposé de combler à leurs dépens.

En conclusion définitive, après avoir été l'unique souverain de trente millions de sujets, il s'est trouvé que le Roi Louis XVI était devenu l'unique sujet de trente millions de souverains. Il est vrai que la

---

(1) J'avais pris la liberté de dire, à propos de cet infatigable tribunitien, qu'il n'avait aucune facilité pour parler, mais qu'il avait pour se taire une difficulté prodigieuse.

Note de l'Auteur.

nation avait prêté serment d'obéissance et de fidélité à la nation, ce qui ne laissait pas que d'être une précaution bien rassurante! — Hélas! hélas! disais-je à mes pauvres neveux du Châtelet et de Tessé, le vice était dans quelques abus, et vous l'avez mis dans les lois ; si j'étais la maîtresse de choisir entre la domination de votre Assemblée nationale, et celle d'un czar ou d'un padicha, comme celui des Moscovites ou des Mahométans, mon choix ne serait pas douteux, car un seul tyran doit tout craindre, et douze cents despotes peuvent tout oser. On a dit avec raison qu'il était moins affreux d'être tué par un lion que dévoré par un million de rats. — Ils se regardaient tristement et ne répliquaient rien. Le temps des illusions était fini pour eux, et celui des malheurs allait commencer. Quand on est en bas, que la justice d'en haut paraît quelquefois sévère!.... Pauvres enfans égarés! Le Duc du Châtelet, ce noble jeune homme à qui j'avais servi de mère! il avait l'esprit si fier, avec l'âme si haute et le cœur si bien placé! Et son ami Custine, le jeune Custine, qui avait tant de raisons pour aimer la vie! Et le Vicomte de Beauharnois, dont on avait tant parlé pour sa grâce accomplie, sa bravoure et son urbanité charmante ; enfin, ce malheureux Lauzun, car il n'a jamais été le Duc de Biron ni le Général Biron, pour sa famille et pour moi ; notre pauvre Lauzun, que nous avions connu si beau, si généreusement courageux et si gracieusement magnifique! Quelle horrible mort et quels regrets pour avoir été la provoquer, quels remords, peut-être?...... Mais patientons, âmes chrétiennes, ainsi que nous dit le saint Évêque de Genève ; endurons en espérant et adorons en pleurant. C'est pleurer dont je m'acquitte le mieux, et voilà ce qui m'arrive toutes les fois que je pense à mon neveu du Châtelet, mon pauvre Florent !......

CHAPITRE VII.

Assassinat du gouverneur de la Bastille et de son état-major au mépris d'une capitulation. — L'Ambassadeur et les députés du genre humain. — Prétentions généalogiques d'Anacharsis Clootz. — Son discours à l'Assemblée nationale et réponse du président. — Ridicule improvisation du jeune Lameth. — Le Marquis de Bruc et ses paysans. — Dénonciation de sept familles aristocrates qui se réduisent à Mme de Sesmaisons. — Morsure d'un patriote par un poisson féodal. — Arrestation d'une reine émigrante. — Pillages, incendies et démolitions des châteaux. — Anecdotes révolutionnaires. — Opinion de l'auteur et du Duc de Penthièvre au sujet de l'émigration. — Sarcasmes politiques, etc.

Relativement à la prise de la Bastille, qui renfermait sept prisonniers, et dont la formidable garnison se composait de soixante-deux invalides, de huit canonniers et de trois Suisses (1), je vous dirai que les assaillans patriotes et prétendus vainqueurs

(1) Ces sept prisonniers étaient les nommés *Béchade*, *Lacaurège*, *Paxade* et *Laroche*, tous les quatre Agénois et falsificateurs de lettres de change, supposées souscrites par les sieurs Tourtond et Ravelle, banquiers de Paris. C'était le Vicomte de *Solages*, jeune Albigeois, qui s'y trouvait détenu en correction de très graves désordres, et d'après la demande et les sollicitations de son père, de sa mère, et de son grand-père, M. de Jonsac. C'était encore un appelé *Tavernier* qui n'avait pas la tête bien saine, ainsi qu'on peut en juger par son mémoire à l'Assemblée nationale, où il réclamait la propriété de l'église de St.-Roch. Enfin, c'était un Irlandais, nommé *Withe* et réputé faux-monnayeur.

n'avaient cependant pénétré dans cette forteresse qu'en vertu d'une capitulation à la suite de laquelle le Marquis de Launay leur en avait fait ouvrir les portes. Ce gouverneur du même château n'avait malheureusement aucun moyen de résistance, attendu que malgré tout ce qu'il avait pu dire et faire auprès du maréchal de Broglie, celui-ci n'avait eu la précaution d'envoyer à la Bastille ni munitions, ni canons, ni vivres, ni soldats. Le prévôt des Marchands, qui n'était plus M. Bignon, mais l'honnête et généreux M. de Flexelles, avait écrit à M. de Launay pour l'exhorter à capituler avec les assaillans, afin d'éviter de plus grands malheurs. — *Nous acceptons votre capitulation, foi d'officiers!* fut dire entre les deux guichets un commandant de la garde nationale appelé Joseph Elie. — *Faites baisser vos ponts,* ajouta ce parlementaire, *laissez-nous entrer, et faites sortir la garnison de votre château, vous allez voir qu'il ne vous arrivera aucun mal......*

Vous voyez quelle était l'affreuse tyrannie de ce gouvernement persécuteur. Il a été constaté par le registre d'écrou qu'on a trouvé dans les archives de la Bastille, que cette forteresse n'avait reçu que *dix-sept cent quarante-trois* prisonniers dans un espace de *trente-neuf ans et sept mois*. Il me semble que ce serait par an, sur le pied d'une quarantaine, ce qui ne me paraîtrait guère exorbitant. On a vu que c'était presque toujours à titre *correctionnel*, afin d'éviter une procédure *infamante*, et l'Abbé Morellet avait calculé que la durée moyenne de chacun de ces emprisonnemens n'avait été que de trois mois et six jours. J'aurais bien voulu que sous notre régime de liberté constitutionnelle les incarcérations préventives du gouvernement n'eussent pas été plus alarmantes et plus prolongées que les détentions correctionnelles de la Bastille. (*Note de l'Auteur.*)

Les ponts se baissent, et la première chose qu'on fait est de se saisir du Gouverneur, du Major, de l'aide-Major, de ses deux lieutenans, et de quelques-uns de ces pauvres invalides, qu'on entraîne à la place de Grève. On les égorge, on leur coupe la tête, ainsi qu'à M. de Flexelles, qui descendait courageusement le perron de son hôtel-de-ville, et qui venait au-devant du peuple à dessein de protéger ces malheureux prisonniers ; on promène dans toutes les rues de Paris leurs têtes coupées et montées sur des piques ; et finalement on va les planter dans le jardin du Palais-Royal, sous les fenêtres de M. le Duc d'Orléans. C'est le premier hommage qui lui ait été présenté par la révolution française ; c'est le premier tribut de carnage et de sang humain qu'il se soit fait payer par les misérables qu'ils soudoyait, et voilà tout ce que cette conquête de la Bastille a eu d'héroïque.

Relativement à la célèbre députation du *genre humain* que fut admise au milieu de l'Assemblée nationale, dont elle venait complimenter la haute sagesse, et qui fit un si bel effet dans tous les journaux patriotiques, je vous dirai que c'était une agrégation de garçons culotiers et de vieux portiers allemands et suisses, avec des fumistes lombards et des charlatans distributeurs de vulnéraire italien, sans compter une trentaine de valets nègres, et deux ou trois marchands de pastilles à brûler, de cosmétique du sérail et autres ingrédiens levantins (scélérats enturbanés et maudits que Dieu confonde avec les infections de leur abominable essence de roses !).

On les avait barbouillés de gros rouge et grotesquement habillés, moyennant des oripeaux d'Opéra, et il y avait aussi bon nombre de garçons carrossiers, qu'on disait *Belges ou Bataves*, et qu'on avait ajustés en Chinois, en Tartares, et même en sauvages, avec des chabraques en peluche tigrée, des couronnes de lierre et des massues, tout justement comme aux parades de la foire et dans le cortége du beûgras. Tous ces envoyés extraordinaires et plénipotentiaires du genre humain furent présentés à l'Assemblée par un Prussien, fanatique et fantastique gentilhomme, qui se faisait appeler Anacharsis, et qui s'appelait, en réalité, le Baron *Jan Baptist von Clootz-Schlestedt*. Il avait dit à M. de Lauzun qu'il était pour le moins d'aussi bonne maison que le Roi de Prusse, ce qui n'aurait eu rien d'extraordinaire, et si la difficulté de prononcer et d'orthographier exactement un si beau nom pouvait être nuisible à sa célébrité nobiliaire ou sa popularité, ce serait dommage (1)!

Cet extravagant baron n'avait pas manqué d'adresser à nos régénérateurs un discours approprié pour la circonstance. Il avait parlé de la trompette qui venait de sonner la résurrection universelle des peuples, en donnant le signal du bonheur de l'humanité, dans ces lieux et cette même cité parisienne

---

(1) En opposition complète avec l'abbé Fauchet, il s'était déclaré *l'ennemi personnel* de Jésus-Christ, et il disait que son âme avait toujours été *sans culotte*. Après avoir déposé sur l'autel de la liberté une somme de 12 mille francs pour faire la guerre aux despotes, et après avoir été reconnu pour *l'orateur officiel du genre humain,* Robespierre le fit guillotiner en 1794.
(*Note de l'Éditeur.*)

où le docte et sage Julien (dit l'apostat) avait foulé tous les préjugés nazaréens sous ses pieds philosophiques. Les compagnons du nouvel Anarcharsis étaient aussi des hommes libres dont les tristes concitoyens gémissaient dans l'oppression, et c'était l'admiration qui les avait attirés à Paris de toutes les extrémités de la terre, après avoir médité sur la déclaration des droits de l'homme et du citoyen, déclaration qui venait de constituer la souveraineté générale et particulière de toutes les populations affranchies.

Quelle leçon pour les despotes étrangers! et quelle consolation pour leurs sujets tyrannisés! — Nous vous demandons, disait l'orateur Anacharsis, à nous ranger à vos côtés sous les faisceaux de la fédération française, au milieu du Champ-de-Mars, et le bonnet de la liberté que nous élèverons avec transport, sera le gage de la délivrance et de la régénération pour nos malheureux compatriotes, *souverains opprimés!* — Nous attendons le résultat de votre délibération sur cette demande, qui nous est dictée par l'enthousiasme de la liberté la plus universelle.

Un autre baron de la même nature, appelé M. de Menou, qui présidait l'Assemblée nationale et qui devait renier l'Évangile pour l'Alcoran cinq à six ans plus tard, le Baron de Menou répondit à tout teci le plus sérieusement du monde; après quoi M. 'e Comte Alexandre de Lameth eut le courage de nonter à la tribune et d'y proférer mille sottises tvec une solennité burlesque. Il se mit à féliciter la France et l'Assemblée sur le civisme ardent de la grande famille du genre humain, et sur l'*auguste message* que l'Assemblée venait de recevoir, en osant ajouter que tous les cœurs en étaient si visiblement émus et si profondément pénétrés que..... Jamais il ne put achever sa phrase.

Il faut vous dire que tous les députés du côté droit étaient sortis de la salle aussitôt qu'il fut résolu qu'on allait admettre cette ambassade, et que tous ces députés du genre humain furent recevoir le lendemain matin chacun douze francs, qui leur avaient été promis par le citoyen Brissot, et qui leur furent payés à la caisse de la maison commune.

A la députation du genre humain succéda la députation non moins illustre des vainqueurs de la Bastille, et l'Assemblée fut saisie d'un tel enthousiasme, qu'elle ordonna pour eux des récompenses nationales et qu'elle eut soin de leur assigner, pour les cérémonies du Champ-de-Mars à la fédération du 14 juillet, une place distincte entre toutes les autres. C'était afin que la France heureuse et la patrie délivrée pussent *contempler en eux et à loisir*, portait ce décret, les premiers auteurs de son affranchissement politique et les conquérans héroïques de sa liberté.

Je vous raconterai quelques anecdotes afin de vous donner une idée de la sorte d'esprit public qui commençait à se répandre dans les provinces du ci-devant royaume de France.

On avait dénoncé le Marquis de Bruc au comité des Recherches, attendu qu'il ne sortait plus de son *château*, et qu'il ne voulait plus porter de *chapeau*. Les dénonciateurs bretons en avaient induit que c'était par aversion pour la cocarde aux trois couleurs ; le comité fit nommer une commission rogatoire afin de procéder à la vérification du délit, moyennant l'interrogatoire du prévenu ; mais lorsque les commissaires du district arrivèrent chez lui, il avait déjà pris le parti d'aller se réfugier à Jersey, de sorte que c'est une accusation qui n'a jamais été bien éclaircie. Ils firent abattre les deux plus belles tours de son château, en manière de pénalité constitutionnelle et pour lui apprendre à s'être défié de la justice nationale. Il avait encore été dénoncé par un procureur et deux huissiers de sa terre des Pieux, en Normandie, parce qu'on avait acquis la certitude que ce château de M. de Bruc avait servi de retraite à six ou sept maisons de Bretagne qui avaient été forcées d'abandonner leur pays à cause de leur mauvais esprit politique. Il se trouva que les six ou sept maisons bretonnes étaient la Comtesse de Sesmaisons, née de Goyon, et femme du colonel du régiment de Condé.

Je vous ai déjà parlé de mon prieuré commandataire de St.-René-les-Gâtines, dont le titulaire avait eu le bon esprit de s'absenter. Nous avions, lui et moi, donné l'ordre de pêcher un excellent et magnifique étang dont nous jouissions de compte à demi. On avait fait annoncer le dernier jour de cette pêche à quatre ou cinq lieues à la ronde, afin que ceux qui voudraient du frai de poisson, puissent y venir s'en approvisionner ; mais au lieu d'acheteurs, on y vit arriver quatre ou cinq peuplades des environs, précédées de leurs maires ajustés d'écharpes tricolores, et ces fonctionnaires se mirent à pérorer les paysans pour les avertir qu'ils étaient en droit de s'emparer du produit de la pêche en question, parce que l'Assemblée nationale avait supprimé le droit de *chasse* et parce que c'était du poisson d'*église*. Il y avait là deux ou trois de mes gardes, envoyés pour y maintenir le bon ordre, mais les horions qu'on leur donna les obligèrent à s'aller cacher au prieuré. Chacun s'empara de notre beau poisson, et l'emporta comme il put; qui les femmes dans leurs devantières (c'est le mot du pays pour *tabliers*) et les hommes dans leurs bissacs, et puis les enfans s'attelèrent sur les plus grosses carpes pour les traîner avec des cordes et comme à la remorque.

Il y avait soixante ans que cet étang n'avait été mis à sec, parce qu'on avait supposé qu'une jeune fille du pays était allée s'y noyer, et parce qu'on avait cru devoir éviter les émotions de famille et le scandale qui pouvait résulter de la découverte de ses restes. Toujours est-il qu'on venait de pêcher dans mon vivier priorissal un brochet de quatre pieds quatre pouces, que le maire de Longprey se voulait adjuger en part de prise, et qu'il avait entrepris d'emporter dans ses bras comme il aurait fait d'un enfant de quatre ans. Chacun s'en retournait gaiement, en criant à qui mieux mieux: *Vive la Nation! vive Néuerre! vive l'Assemblée nationale!* mais voilà que le brochet se mit à mordre M. le maire à la main d'abord, ensuite à la joue; et l'on m'écrivit que pour triompher de ce formidable sexagénaire, on avait été obligé de le tuer à coups de fusil. Nous apprîmes environ dix mois après que les mêmes paysans étaient venus incendier et démolir mon vieux château de Gâtines.

Il est à remarquer que ces villageois incendiaires n'étaient presque jamais des vassaux directs; ils se disaient réciproquement : — Vous viendrez brûler le château de notre Dame, et nous irons brûler celui de votre Seigneur.

Il n'y avait pas une seule de ces troupes qui n'eût été ameutée, ni une seule de ces exécutions qui ne fût dirigée par quelque bourgeois de petite ville. Les justiciers provinciaux avaient commencé par établir des poursuites, mais l'Assemblée nationale y trouva mille fins de non-recevoir, et sur la proposition de maître Lanjuinais (professeur en droit), on a fini par décerner à tous ces meurtriers et tous ces voleurs, incendiaires et démolisseurs de châteaux, une amnistie patriotique.

Les officiers-municipaux de Jougnes, en Franche-Comté, écrivirent un jour au comité des Recherches qu'ils venaient d'arrêter une grande et belle personne qui voyageait mystérieusement dans un gros carrosse sans armoiries (ce qui leur avait paru suspect), et sans nulle autre suite qu'une jeune femme de chambre avec un laquais, dont la figure avait quelque chose de très impertinent. Ils avaient commencé par fouiller cette grosse voiture, et ce qu'ils y trouvèrent était bien fait pour encourager leurs suspicions. C'était quatorze mille livres en double louis, une manière de sceptre, une couronne, un manteau d'hermines, et des habits si richement brodés qu'ils ne doutèrent pas que ce ne fût la Reine qui voulait émigrer en Suisse. On ne voulut tenir aucun compte de son passeport; on agita la question de savoir s'il ne serait pas convenable et prudent d'aller reconduire la fugitive avec tous ses joyaux et ses insignes, et de l'escorter jusqu'à la barre de l'Assemblée, ce qu'on pourrait exécuter aux dépens de cette princesse et moyennant ses doubles louis? Mais les avis modérés prévalurent et l'on s'était contenté de lui assigner la ville pour prison; on lui avait remis trente-six francs pour subvenir aux dépenses que pourraient exiger son rang et la splendeur de ses habitudes; enfin, les municipaux de Jougnes attendaient les instructions de l'Assemblée nationale au sujet de cette émigrante.

Il faut être juste à l'égard de tout le monde, et je conviendrai que les membres du comité des Recherches se conduisirent équitablement dans cette occasion-ci. Ils écrivirent à ces Francs-Comtois pour les prier de ne pas retenir indéfiniment Mlle Sainval, du Théâtre-Français, parce qu'elle avait souscrit un engagement pour aller jouer la comédie à Besançon et qu'on pourrait la faire condamner à payer un dédit de sept à huit mille livres, à titre d'amende.

Je vous rapporterai maintenant un événement bien minime en vérité, mais qui n'en détermina pas moins l'émigration de votre pauvre mère.

Elle avait eu jadis un laquais provençal, appelé Montorge, lequel était né son vassal au comté de Grignan. La grand'mère de ce domestique avait été la nourrice du Maréchal du Muy, et c'est par cette raison que ma belle-fille avait toujours assisté libéralement toute la famille. Ce Montorge avait servi comme soldat au régiment de Boulonais avant d'entrer à notre service, et depuis quatre ans il habitait le bourg de Saint-Fal où votre mère avait eu la bonté de lui faire constituer une rente viagère de 700 livres, à percevoir sur les droits seigneuriaux de cette terrre, et qu'il allait toucher directement du Sénéchal. Montorge avait encore obtenu de Mme votre mère une permission de chasse; on entendait crier de temps en temps contre lui pour avoir tiré sur des chevrettes et des poules faisanes, mais il affirmait et jurait ses grands dieux qu'il n'avait tué que des mâles, et comme votre père ne s'en embarrassait guères, il ne s'en mêlait jamais.

Mon fils arrive à Saint-Fal avec l'intention de s'y reposer pendant une quinzaine, et deux heures après, il reçoit une insolente lettre, où l'on disait que s'il avait la témérité de paraître dans le bourg, on lui ferait un mauvais parti; il ne manqua pas de s'y rendre à pied le surlendemain dimanche pour assister à la grand'messe, afin d'établir l'estime qu'il faisait de cette lettre anonyme et de ce donneur d'avis. Le curé vint au-devant de lui, comme à l'ordinaire, lui présenter l'eau bénite; il alla s'asseoir au banc seigneurial, et le célébrant vint l'encenser comme si de rien n'était. Les curés de campagne ont toujours récalcitré sur la destruction de nos priviléges honorifiques, et c'est une justice à rendre au bas clergé. Aussitôt que votre père fut sorti de l'église, un spadassin déguenillé vint lui signifier, le sabre au poing et l'injure aux dents, qu'il eût à vider les lieux et s'en aller de son château dans les vingt-quatre heures; cet homme avait osé tutoyer mon fils, et c'était quatre jours après la fédération de juillet.

Pressé par les gens de livrée, les fermiers du domaine et les autres paysans qui s'étaient mis à le gourmer, ce quidam en dit plus qu'il ne voulait dire, et l'on apprit qu'il avait agi par ordre de M. Montorge, le commandant de la garde nationale, à qui votre père écrivit comme vous allez voir.

« Serait-il possible que les ordres qu'on ose me
« donner, et les propos qu'on ose tenir vinssent de
« Montorge? Le poste qu'il occupe en ce moment-
« ci demande de la justice, et j'ai toujours été
« porté à lui supposer de l'honnêteté. J'espère que
« les dispositions qu'il va prendre me confirme-
« ront dans cette croyance, et m'assureront la tran-
« quillité dont j'ai besoin. Montorge ne saurait
« ignorer que je ne trouble jamais celle de per-
« sonne, et que je n'ai jamais fait que du bien à
« mes valets et mes vassaux. »

Voici la réponse littérale de ce commandant; je n'y changerai rien pour le **style**, et vous allez voir que l'orthographe en est curieuse.

« On na rien faite que je né ordonné et vous avé bien de lodasse de mécrire que vous ete porté à me supposé de lonneteté et ne pas finire par votre tres humble et tres obéssan serviteur que vous ete vous et tout vos pareil aprené que je suis un oficié general de la nation que vous ne fute jamais quan maréchaldecamp du pouvoir exequtif et rien de plus si je desir que vous vous elouannée cest par patrio-

tisme pour que vous naillés pas laristocrassie de
me calomnié du mot de valet dont se serve les inso-
lant comme vous mon pere et ma mere sont mort
il n'ont qua vous peyé la nation ne vous doat que
la lanterne sil y en avoit ici pour avouar eue lin-
famie de mappeler votre valet pendant 5 ans tan-
disque nous autre nous etion les dupe je conte que
vous ne seré pas ou vous ete demain car je ne suis
pas responsable de mon batallion qui ma juré fide-
lité pacequil ni a de responsable que les ministres
puisque vous avé fait votre serment sivique je le
pense et a la force armé que je commande dont il
est le souverin il nia ni marquis ni roi qui tienn et
vous feré bien de partire.

« MONTORGE. »

Le Marquis n'en voulut pas démordre, mais à
la suite de deux ou trois visites domiciliaires, et
de l'arrestation de l'Abbé Provit, son chapelain,
Mme votre mère en prit son château de Saint-Fal
et tous les autres lieux qu'elle pouvait habiter
dans le royaume, en si grande déplaisance, que
les médecins nous conseillèrent de la faire aller
en Suisse où elle a passé presque tout le temps
de son émigration. Je voulus absolument rester à
Paris pour tenir tête à l'orage, et vous allez voir que
si je n'avais pas eu le courage de résister à l'hostilité des révolutionnaires, ainsi qu'à l'exigence
de nos parens et nos amis qui prenaient le parti de
l'émigration, j'aurais eu toute raison de le regretter
éternellement pour vous, mon Enfant si cher, ainsi
que pour la tranquillité de mes plus vieux jours. Un

des motifs les plus déterminans pour moi dans cette ferme résolution, c'est que je n'aurais pas voulu me séparer de mon fils, ni de M. de Penthièvre, qui n'auraient pas voulu s'éloigner du Roi ni de M. le Dauphin.

En attendant, j'avais réformé dans mes relations toutes celles qui n'étaient pas d'une opinion conforme à celle de ma conscience. Je ne voyais plus mon neveu de Lauzun, je n'allais plus à l'hôtel de Noailles, et moins encore à l'hôtel de Salm, ainsi que vous pouvez bien croire; quand j'étais allée passer un quart d'heure à l'hôtel de Tessé, pour y faire une œuvre de miséricorde, en ce que mon neveu s'y trouvait malade, je ne pouvais m'empêcher d'y dardilloner tout ce beau monde en régénération, et j'en restais comme un porc-épic hérissé, comme un *chardon-béni,* disait M. de Penthièvre; mais ce qui m'excédait par-dessus toute chose, c'était l'ennui de me trouver citée pour mes *bons-mots* dans les malheureuses brochures de notre malheureux parti; je n'en excepte assurément point les *Actes des Apôtres;* car à l'exception de quelques bons articles empruntés à MM. Bergasse et Suleau, tout le reste de ce misérable recueil était un ramassis d'ennuyeuses chansons, de frivolités assommantes et d'obscénités intolérables! je ne sais si je pourrais me souvenir de mes exécutions épigrammatiques, mais les plus belles étaient du fait de votre père, et si la vivacité de son esprit n'était pas aussi bien connue, tout ce qu'il en a dit à l'hôtel de Tessé ne se concevrait pas. Je me souviens notamment que Mme de Tessé ne pouvait trouver un homme de qualité qui voulût être son compère, à l'effet de tenir avec elle un enfant de sa nièce, Mme de La Fayette, dont elle avait promis d'être marraine, et je ne sais comment elle imagina de le proposer avec mon fils, qui lui répondit : Ma tante, je suis bien étonné que M. de La Fayette ne vous ait pas dégagé de cette obligation-là ! Dites-lui que je vous conseille à tous les deux de faire tenir son enfant par le comité des Recherches et la commune de Paris.

Lorsque l'Assemblée nationale ne voulut plus tenir aucun compte de M. Necker, la *moralité* de M. Necker se trouvait engagée, disait-il, à la publication de ses comptes, ce qui fit dire au Marquis que M. Necker en était réduit à faire des *comptes moraux*, en rivalité avec M. Marmontel, (le galant de sa femme).

— Monsieur, disait-il à Chamfort (en 93), il me semble que vous autres gens de lettres n'auriez pas dû favoriser la révolution ; les ministres et les grands de l'État étaient votre gibier ; vous avez eu l'imprudence d'ouvrir nos parcs à la populace, et vous n'avez pas songé que l'effet de votre révolution philosophique serait la ruine des philosophes : il faut être prudent quand on fait la guerre souterraine ; la mine fait quelquefois sauter les mineurs.

Je me rappelle aussi que lorsque le Duc d'Orléans avait eu l'indignité de renoncer à ses fleurs-de-lys, votre père avait dit qu'il avait gratté de son écusson ce qu'on aurait dû lui marquer sur l'épaule ; et puis, que le fils du banquier Laborde ayant sottement déclamé contre la caisse d'Escompte, en disant que c'était *la banque du despotisme.* — Aimeriez-vous mieux *le despotisme de la banque ?* lui demanda votre père, et voila ce nigaud qui reste à *quia.* Enfin comme une grande difficulté venait de s'élever sur le nom qu'il fallait donner à cette nouvelle machine dont l'Assemblée Constituante avait adopté l'invention par *philanthropie,* — Mais quelle est, disait mon fils en présence de Mirabeau, quelle est donc la convenance ou la nécessité de lui donner le nom de *Guillotine,* et pourquoi ne l'appellerait-on pas *Mirabelle ?* Je ne veux pas oublier de vous dire aussi, qu'après avoir écouté paisiblement M. de Gouy d'Arcy, lequel était, sans contestation possible et sans comparaison, le plus imbécile et le plus ennuyeux discoureur du côté gauche ; — Hélas ! s'écria votre pauvre père, en faisant un profond soupir et se retournant du côté de M. de Tessé, — la différence qu'il y avait entre jadis et le temps présent, c'est qu'on devait penser sans parler, mais on peut aujourd'hui parler sans penser; personne ne s'en gêne, et tout le monde s'en mêle.

CHAPITRE VIII.

Journées des 5 et 6 octobre. — Anecdote sur un deuil de cour. — Le loto chez la Reine. — Arrivée de la populace parisienne. — Son irruption dans le château. — Massacre des gardes-du-corps et départ de la famille royale. — Les Ducs d'Orléans et d'Aiguillon. — Mot de l'Abbé Maury. — Louis XVIII au Luxembourg. — La famille royale aux Tuileries. — Une audience de la Reine. — La vérité sur Mme Campan. — Départ de Mesdames de France et dévouement de Madame Élisabeth. — Madame Royale et M. le Dauphin, son frère. — Caractère de cette Princesse et quelques détails sur Louis XVII.

J'avais eu le malheur de me trouver à Versailles pendant les horribles journées des 5 et 6 octobre, et voici pourquoi : votre père était tombé malade d'une esquinancie, et son médecin n'avait pas voulu lui permettre de revenir à Paris, à raison du froid, de la bise, etc. Ma belle-fille était plus malade encore, et n'avait pu sortir de son hôtel de la rue d'Anjou, depuis plus de trois semaines. J'avais trouvé bon d'aller soigner mon fils, à Versailles, et MADAME avait eu l'obligeance de me faire donner un appartement chez elle, où j'étais venue m'établir le dimanche 4 octobre, à cinq heures après midi. Après avoir eu l'honneur de saluer cette princesse, j'allai dans la soirée faire ma cour à la Reine qui se tenait dans ses cabinets. Elle m'avait parlé très judicieusement et très courageusement des affaires du Roi ; tandis que nous étions en tête-à-tête, et lorsque deux ou trois huppes-grises de l'ancienne Cour arrivèrent avec les Dames du palais pour se mettre en cercle, elle eut l'air de s'en contrarier péniblement. Je m'étais levée pour me retirer parce que la Cour était en deuil d'une Archiduchesse, et parce que toute chose était déjà dans un si grand désarroi que je n'avais pas songé à me faire habiller de noir; mais S. M. voulut bien me retenir et je m'y résignai péniblement. — Si la Reine voulait jouer au Loto pour se distraire et se désennuyer, dit Mme de Chimay, tout doucement, entre haut et bas ; — Princesse, en parlez-vous sérieusement, lui dit la Maréchale de Mouchy, est-ce qu'il est possible de jouer ici lorsque la Cour est en deuil !..... Et moi qui me souvins du piquet de M. de Maurepas, j'osai leur dire : — Est-ce que le Loto n'est pas de deuil?.... — Mais il me semble effectivement, dit la Marquise de la Roche-Aymon, qui a toujours été la plus obséquieuse personne de France et la plus sottement finassière, il me semble que le Loto doit être permis lorsqu'on est en deuil. — Le Loto est de deuil, il est même de grand deuil, ajouta la Reine en me regardant et se retenant pour ne pas rire; je demande qu'on apprête à ces dames une table pour un Loto Dauphin. Les Dames du palais se mirent à jouer, et la Reine reprit avec moi sa conversation qui dura plus d'une heure, pendant laquelle S. M. me donna quelques ordres en me disant une foule de choses tellement obligeantes que je ne saurais ni les répéter ni les oublier.

On nous dit le lendemain matin, chez Monsieur, que le duc d'Orléans venait d'arriver à Versailles, et qu'on l'avait reconnu malgré qu'il se fût déguisé. Monsieur répondit à cela que tous les ivrognes ressemblaient au Duc d'Orléans qui ressemblait à tous les ivrognes, qu'il y avait en circulation dans Versaille un grand nombre de figures ignobles et scélérates, et que, pour se confondre impunément avec la plus abjecte canaille, le Duc d'Orléans n'avait autre chose à faire que d'ôter son cordon bleu. Je n'ai jamais vu Monsieur en disposition plus rigoureuse et plus équitable envers le Duc d'Orléans; ce qui m'en fit conclure, à part moi, qu'il avait reçu des informations analogues à tout ce que m'avait dit la Reine.

On apprit bientôt que la grande avenue de Paris était toute couverte d'une multitude de populace horrible à voir, et qui se dirigeait vers le château; hommes et femmes, enfans et vieillards; canonniers, mendians, gardes nationaux, vivandières et manouvriers, tout cela se trouvait armé formidablement avec des fusils, des sabres ou des piques : et qui leur avait fourni ces armes? On n'y concevait rien..... Le Roi se trouvait à la chasse aux alentours de Meudon, il arrive, et malheureusement, il ordonne à ses gardes, ainsi qu'à deux régimens qui étaient venus se ranger en avant du château, de se replier dans la cour des Ministres, et puis de se retirer dans leurs casernes. Ces dispositions à l'indulgence encouragent les meneurs de cette populace, au milieu de laquelle on a reconnu le Duc d'Aiguillon sous les habits d'une poissarde (1). Les gardes-du-corps, assaillis, reçoivent l'ordre de ne pas se défendre, et dix-huit gardes de la porte sont massacrés et mis en lambeaux avant qu'on ait eu le temps de se concerter avec leurs officiers. Heureusement que le Comte de Saint-Priest s'en mêle; les gardes-du-corps se rassemblent et finissent par se servir de leurs armes; ils tiennent bon jusqu'à dix heures du soir, et M. de Lafayette arrive au château. Il établit des postes de sa garde nationale à toutes les grilles, et s'en va se coucher. Pourquoi fut-il se reposer si vite étant arrivé si tard? Quand il a voulu répondre à ces deux questions, il n'a jamais pu s'en tirer ni honorablement ni raisonnablement (2).

Toute cette canaille était restée campée sur la

---

(1) Armand de Vignerod du Plessix-Richelieu, Duc d'Aiguillon, Comte d'Agenois et de Condomois, Baron de Veret, Pair de France, Noble Génois, etc. Il vient de mourir à Hambourg, âgé de 49 ans. *(Note de l'Auteur.)*

(2) Ces vers de l'abbé Delille sont à peu près inconnus en France, attendu que la censure consulaire les a fait retrancher dans l'édition française de son poème de la Pitié :

« Voyez-vous ce blafard, ce héros ridicule,
« De l'astre de Cromwell pâle et froid crépuscule,
« Intrigant à la guerre et guerrier dans la paix,
« Qui d'un air bénévole ajuste des forfaits,
« Prend Target pour idole et Favras pour victime,
« Fait honte du succès et fait pitié du crime,
« Arme des assassins, égorge par la loi,
« Veille pour les brigands et dort contre son Roi.

place d'Armes, ainsi que dans la grande rue de l'Intendance, et pendant que M. de la Fayette était à dormir, j'étais à veiller auprès de mon fils.

A deux heures après minuit j'entends des cris forcenés du côté de la cour de marbre, et je vous assure que le danger qui nous menaçait personnellement votre père et moi, n'était que le moindre de mes soucis. La famille royale insultée; la famille royale égorgée, peut-être!...... et je m'élançai de corridors en escaliers jusque dans l'appartement des femmes de la Reine, qui communique à celui de la Comtesse d'Ossun (Dame d'Atours), où je ne trouvai que des girandoles et des lustres allumés. Le cœur me faillit d'inquiétude ou d'extrême fatigue, et ne pouvant plus respirer ni me soutenir, je fus obligée de m'asseoir et de rester là jusqu'au jour. Épouvantée, frémissante et désespérée du bruit que j'entendais, tourmentée de ce que je ne voyais pas, alarmée sur nos princes, inquiétée pour mon fils, je ne saurais vous exprimer tout ce que j'y souffris d'affliction, d'effroi, mais surtout d'impatience; car il me semblait, et je ne sais pourquoi, que c'était ce mauvais sentiment qui prédominait sur le reste?

Je n'ai rien de particulier à vous dire sur les détails de cette nuit affreuse, où je n'ai rien vu, puisque je l'ai passée toute seule, et clouée sur un fauteuil! Il est assez connu qu'au milieu de la nuit, des gardes nationaux (en qui M. de la Fayette avait si bonne confiance) avaient introduit dans la cour de la chapelle, et de là, dans le corps du château, une troupe de sept ou huit cents forcenés qui se précipitèrent du côté de l'appartement de la Reine, en proférant des imprécations atroces. Deux gardes-du-corps en faction pour le service de S. M. (c'étaient messieurs de Varicourt et Désuttes) furent égorgés à la deuxième porte de son appartement, et ce fut uniquement la résistance de quelques autres gardes-du-corps (et notamment du brave du Repaire), qui lui donna le temps de se dérober aux poignards de ces égorgeurs, qui pénétrèrent jusqu'à son lit, et qui le déchirèrent à coups de sabre et de coutelas ensanglantés. Le Duc d'Orléans se trouvait dans le château parmi les assassins. Messieurs de Montmorin, de Saint-Priest, de Mailly, de Castries, de Vesins, de Sesmaisons, de Villeneuve et de Laurencin, l'ont vu, ce qui s'appelle vu, dans le salon de la Pendule, et, plus tard, à l'entrée de l'OEil-de-Bœuf. Ses affidés cherchaient à forcer la porte du Roi, mais le courage ne tarda pas à lui manquer ; il s'esquiva pour aller se cacher dans une auberge, et l'Évêque d'Agen le rencontra qui s'enfuyait par la route de Saint-Cloud, sur un mauvais cheval de poste.

Nous rentrâmes dans Paris à la suite de la famille royale. Que vous dirai-je de cette majestueuse Princesse et de ce bon Roi, qu'on amène à Paris, comme deux esclaves, au milieu de leurs assassins et précédés pour trophée par les têtes sanglantes de ces deux défenseurs de la Reine? Ces ingrats et perfides sujets, ces stupides citoyens, ces femmes cannibales et ces monstres déguisés ; ces cris de *Tous les Évêques à la lanterne!* au moment où ce bon M. de La Fayette ramène le Roi dans sa capitale avec deux Évêques de son conseil dans sa voiture ; trois coups de fusil, et je ne sais combien de coups de pique que j'ai vu tirer et donner dans les carosses de la Reine ; et M. Bailly qui vient appeler tout cela *un beau jour,* en félicitant le Roi d'avoir été *conquis par son peuple!* C'était grand'pitié, mon cher ami, que de voir tous ces jeunes gens, si fidèles et si courageux, ces pauvres gardes-du-corps, entourant jusqu'à la fin la famille royale, et marchant à pied au milieu de cette outrageuse cohorte, les uns sans chapeau, les autres sans habit, le visage pâle et mourant. J'en ai vu deux qu'on venait de blesser cruellement dans la grande rue de Sèvres. l'un d'eux était un vieux brigadier de l'Écossaise, et l'autre un gentilhomme du Midi, qui s'appelait M. de Lentilhac; celui-ci n'avait pas dix-sept ans, et je les fis monter tous deux dans notre carrosse de MADAME. — Nous verrons, Monsieur, criai-je à M. de La Fayette, si vous laisserez égorger sous mes yeux un parent de votre femme?........ On a traîné durant plus d'une heure un corps dépouillé tout à côté de cette voiture où nous étions, et l'on disait que c'était celui de M. de Varicourt? J'ai vu tout cela, mon Enfant, et je ne sais comment j'ai pu survivre à ces terribles visions. Mais ce qui m'a le plus révoltée, c'était l'horrible figure de ce d'Orléans, ivre de vengeance et de joie hideuse, qui venait se montrer avec ses louveteaux sur la terrasse du château de Passy, pour y voir défiler cette cohue sanguinaire et sacrilége (1).

(1) « La famille royale captive, au moment d'arriver à Paris,
« après plus de cinq heures d'une marche lugubre, y rencontre

J'allai quelques jours après faire ma cour à Monsieur qui était venu se réfugier au Luxembourg. Il commença par me raconter ponctuellement comme quoi M. d'Aiguillon, qui voulait jouer la bonne conscience en faisant bonne contenance, avait été faire un beau salut à l'Abbé Maury qui se promenait sur la terrasse des Tuileries, et que cet Abbé lui avait dit en le regardant ferme et froid. — *Passe ton chemin, Salope!* Comme il me disait aussi qu'il était question de conférer la présidence de l'Assemblée natioale à M. d'Aiguillon, je lui répondis que ce serait sans doute en signe de dérogation à la loi salique, et ce fut une finesse qui ne manqua pas d'obtenir son approbation.

« un dernier outrage. Sur la terrase du château de Passy, un
« homme fut aperçu qui se cachait derrière un groupe d'enfans,
« et cherchait à voir sans être vu; c'était d'Orléans. On avait
« amené ses fils qu'on avait placés en première ligne pour as-
« sister à la honte de la monarchie et au crime de leur père.
« L'aîné de ses fils venait d'atteindre, ce jour-là même, sa
« seizième année; la joie était empreinte sur son front. Sa sœur
« exprimait par un rire convulsif, triste expression des traits de
« son père, tout ce qu'elle ressentait de bonheur au milieu de
« tant d'abaissement et de si augustes infortunes. (*Histoire de
« la Révolution de France*, par le Vte F. de Conny, vol 1,
« page 576). »

L'historien ne pousse pas plus loin un si pénible rapprochement ; mais l'âme oppressée du lecteur n'y supplée que trop, et le présent vient accroître les angoisses du passé. Aujourd'hui ce fils aîné du régicide est sur le trône ; M^{le} d'Orléans est auprès de son frère, aux Tuileries, et l'auguste fille de Louis XVI est retournée dans l'exil, escortée, comme cette première fois, par des mandataires et des affidés du Duc d'Orléans.

(*Note de l'Éditeur.*)

Il me dit ensuite que l'Abbé Grégoire avait eu l'impertinence de lui écrire, afin de le complimenter sur son patriotisme et pour lui demander l'aumône à l'intention d'un vainqueur de la Bastille; mais S. A. R. ajouta que, pour toute réponse, elle avait envoyé porter un pain de munition chez ce prêtre bourreau.

Jusqu'ici toute chose entre nous deux s'était passée le mieux du monde, mais ayant eu la coupable franchise ou du moins l'imprudence de dire à l'Évêque de Seez, en présence de MONSIEUR, que Mirabeau l'aîné se conduisait, non-seulement comme un scélérat, mais comme un fripon, S. A. R. me répliqua très sèchement que, pour les vues politiques et la supériorité des talens, M. de Mirabeau n'avait pas *son second* dans l'Assemblée nationale. Je n'étais pas obligée de savoir pourquoi mon observation n'avait pas fait le compte de S. A. R., à qui je répondis avec non moins de sécheresse, que j'avais toujours partagé cette opininion de MONSIEUR, mais que je n'en persistais pas moins dans la mienne. En outre, il y avait eu, dans ce qu'il disait sur les affaires de la Noblesse et sur le projet de constitution, certaines choses qui ne me plaisaient guère, et voilà pourquoi je n'ai pas revu MONSIEUR.

En sortant de chez lui, j'allai rendre mes devoirs à MADAME avec qui je suis toujours restée dans les meilleurs termes, et je me rappelle aussi qu'on lui raconta la bonne aventure de M. de Bonne-Savardin qui s'était sauvé de l'Abbaye la veille de la fédération. Deux infâmes suppôts de l'Aristocratie, déguisés en aides-de-camp du général La Fayette, s'étaient présentés à la geôle avec un ordre du comité des Recherches, où les noms et la date avaient été grattés et remplacés fort obligeamment pour ce pauvre condamné. Ils le trouvèrent (M. de Savardin) qui soupait assez paisiblement. Ils se mirent à l'injurier et finirent par l'emmener dans la rue où ils le lâchèrent en lui disant de s'aller cacher le mieux possible. Le comité des Recherches en fut dans une furieuse colère, et fit afficher son signalement naturel, où l'on disait notamment qu'il avait un gilet vert avec une gance d'acier à son chapeau, ce qui fit rire tout le monde.

Vous pouvez bien préjuger que dans la situation d'inquiétude et d'isolement où se trouvait la famille royale aux Tuileries, je ne manquais pas d'aller y faire une cour assidue. — Vous venez saluer des ruines, me dit la Reine, après le 20 juin, et je me souviens qu'elle me fit signe de ne rien dire en présence d'une de ses femmes, appelée Mme Campan, qui venait d'entrer pour lui présenter quelque chose, et je crois me rappeler que c'était un livre sur un plateau.

Quand celle-ci fut sortie du cabinet, je dis à cette malheureuse princesse : — Hélas! Madame, est-ce que la Reine s'en défie ?.....

— Ce n'est pas seulement de la défiance, répondit-elle, c'est de la terreur. Elle est en correspondance avec Brissot de Varville et Latouche-Treville, elle écrit quelquefois à Barnave; — *Elle a ri le 6 octobre*, poursuivit la Reine, avec une expression du regard et de la voix qui faisait frémir; — mais on a décidé qu'il fallait patienter : jugez tout ce que la vue de cette femme me fait souffrir (1).

Mesdames, filles de Louis XV et tantes du Roi, étaient parvenues à sortir du royaume, où la dignité de leur grand âge et de leur haute vertu n'avait pu les soustraire aux persécutions patriotiques du commandant Lamollière et du citoyen Gorsas. Madame, Comtesse de Provence, était à son petit ménage du Luxembourg ; Mme la Comtesse d'Artois était allée se réfugier avec M. le Duc d'Angoulême et M. le Duc de Berry, ses deux enfans, chez le Roi son père, à Turin ; enfin Madame Élisabeth avait obtenu

---

(1) On avait déjà parlé de Mme Campan dans la première partie de cet ouvrage, et nonobstant les mémoires qui portent son nom, mais qui, comme on sait, ont été rédigés par M. Girod, parce que Mme Campan n'aurait pas été capable de les écrire ; on peut être assuré que l'opinion de Mme de Créquy a toujours été celle de la famille royale et celle de toutes les personnes attachées à la maison de la Reine. Il en existe encore un assez grand nombre pour que notre assertion ne soit pas difficile à vérifier.

Toutes les protestations de fidélité de Mme Campan sont venues tomber, après la restauration, devant la persévérance avec laquelle Madame la Duchesse d'Angoulême a toujours refusé de lui accorder une seule audience.

Il y a deux ou trois personnes que nous pourrions nommer, et qui mettent beaucoup d'amour-propre à justifier et glorifier Mme Campan, par la bonne raison qu'elles ont reçu leur éducation dans son pensionnat. Nous sommes fâchés d'être à les contrarier, mais certains ouvrages que les mêmes personnes ont fait attribuer à cette ancienne femme de chambre de la Reine, ne sont pas exempts d'insinuations calomnieuses et de perfidie : La justice et la vérité doivent l'emporter sur la complaisance, et voilà ce qui nous détermine à nous adjoindre à Mme de Créquy pour faire justice à Mme de Campan. *(Note de l'Éditeur.)*

qu'on ne la séparât point de son malheureux frère, auprès duquel elle était restée comme un ange de consolation. Madame Royale était déjà ce qu'elle a toujours été, c'est-à-dire une princesse accomplie.

L'esprit juste et droit, l'âme élevée, religieuse et compatissante; le cœur haut surtout et partout ! (1) Il y a, dans la physionomie, le caractère et la parole de cette fille de France, quelque chose qui participe de l'historique et du légendaire : il y a de la souveraineté et de la sainteté ; de l'autorité Capétienne et de l'auréole du martyr. On dirait, sans la connaitre, en voyant cette personne si grandement noble et si prodigieusement simple, ce ne peut être que la fille d'un roi, et d'un grand roi. Oh oui, en voyant cette femme qui regarde avec tant de sécurité, qui parle si bref et si bien, on entrevoit derrière elle un entassement de prospérités magnifiques et de revers éclatans, des vertus sublimes, et comme une effusion de grandeurs inouies ! Des siècles accumulés, des cœur-de-lion, des père-du-peuple, des paladins, des croisés, des conquérans et des saints ; voilà toutes les idées qu'elle vous donne ou vous rappelle au premier coup d'œil, et c'est l'impression que la Duchesse d'Angoulême a toujours produite à l'étranger.

---

(1) Lakanal et Robespierre ont dit à l'Abbé Fauchet, qui l'a dit à l'Abbé Emmery (son confesseur à la Conciergerie), de qui je tiens, qu'ils étaient entrés dans la chambre de cette jeune princesse à la tour du Temple, après la mort de tous ses parens, et qu'elle avait répondu à leur interrogatoire avec un laconisme d'intrépidité si fière et si résignée, que ces deux monstres en avaient éprouvé, disait Robespierre, *un sentiment de sensibilité respecteuse et d'embarras.* (*Note de l'Auteur.*)

Comment les personnes qui l'ont connue dans son pays ne l'aimeraient-elles pas, à jamais!......

C'était Mme de Tourzel qui avait remplacé la Duchesse de Polignac auprès des Enfans de France. — Je les avais confiés à l'amitié, lui dit la Reine en lui donnant l'investiture de cette charge, — je les remets avec confiance entre les mains de la vertu.

Quand on demandait à les voir dans leur appartement, ceci ne faisait aucun plaisir à la Reine, attendu qu'on les détournait de leurs études ou qu'on les pouvait gêner dans leurs récréations. J'en étais prévenue, et voilà pourquoi je n'ai vu M. le Dauphin qu'une ou deux fois, et notamment chez Mme de Maurepas, qui ne pouvait plus sortir de sa chambre, et chez qui la Reine avait eu la bonté de l'envoyer. C'était le plus bel enfant du royaume, avec un teint de lys et de roses, et de charmans yeux bleus; ses cheveux étaient blonds de la même finesse et de la même nuance que ceux de la mère, et ce qu'il avait de singulièrement joli, c'était un sourire ingénu, bienveillant et fin. Je me rappelle que Mme de Maurepas (il appelait Mme de Maurepas, *Bonne maman*, et c'était par ordre de la Reine, ce qui me rendait un peu jalouse), Mme de Maurepas, vous dirai-je, lui fit un jour cadeau d'un agréable médaillon sculpté par Houdon, qui représentait une grive morte et suspendue par la patte à un clou de bronze; c'était une œuvre de patience et d'illusion prodigieuses. Le petit Dauphin commença par examiner cet oiseau, tristement; et puis il demanda pour quoi on l'avait tué?... On lui dit que c'était un oiseau de marbre jaspé. — Ah! répliqua-t-il, est-ce qu'on fait des plumes avec du marbre?

C'est le plus joli propos d'un enfant que j'aie entendu dire ou citer; à moins que ce ne fût l'histoire de Madame Clotilde avec les deux Béthune quand ils étaient des marmots. — Ma nièce de Piémont les avait rencontrés se promenant dans Bellevue, disait Madame Adélaïde, et leur avait cru pouvoir demander comment ils s'appelaient? Mais Charost, qui a toujours été dissimulé, téméraire et désobligeant, se mit à dire à son frère aîné pour l'empêcher de répondre à Mme de Piémont, — dis-lui pas ton nom, Sully! (1)

Je ne sais trop comment j'ai pu vous parler d'autres enfans à l'occasion de ce jeune martyr, mais je vous dirai que le souvenir de ses grâces naïves et de sa gentillesse est inséparable, pour ceux qui l'ont connu, du souvenir de ses tortures. Je vois toujours ce bel enfant si doux, si candide et si pur, exténué, mourant, insulté, profané, peut-être?..... Je vois

---

(1) A propos de naïveté puérile, il faut absolument que j'annote ici la réponse du petit d'Entraigues à l'Empereur d'Allemagne, qui l'avait trouvé dans l'orangerie de Laxembourg avec son Bobinet de précepteur, et qui lui avait demandé des nouvelles de ses parens. — César, lui répondit consciencieusement ce petit garçon, Papa et Maman sont malades de chagrin, à cause de mon infâme conduite!... — Qu'avez-vous donc fait? reprit César; et ce bénet d'enfant lui dit qu'il avait pocheté des olives; et qu'il en avait mangé dans l'intervalle de ses repas. C'est une histoire d'émigration qui m'avait été mandée curieusement par le Maréchal de Ligne. Ma version ne vaudra pas la sienne, il avait fait mille façons pour la bien écrire, et j'ai dit qu'il fallait vous garder sa lettre. *(Note de l'Auteur.)*

toujours un immonde savetier qui le menace d'un bras sacrilége, et qui lève son horrible main sur le fils de saint Louis! Je crois toujours entendre cet infâme Simon, qui vient crier, pendant la nuit, aux oreilles de cet innocent prisonnier, cet enfant royal assoupi sur un grabat de misère : — Capet, dors-tu? lève-toi! Oh! combien de fois, pendant mes prières au milieu de la nuit, j'ai cru le voir s'élever dans l'appareil de sa gloire céleste, en nous disant: *Espérez et pardonnez.....* (1)

(1) *Note de l'Auteur en l'année 1799, le 8 septembre.*
Louis-Charles, Dauphin de France, et depuis Roi titulaire et légitime, sous le nom de Louis XVII, est mort dans la tour du Temple en 1795, à la suite d'une maladie de consomption qui n'a pas duré moins de dix-huit mois; maladie, dont le gouvernement révolutionnaire a fait observer toutes les phases, et dont il s'est fait rendre un compte officiel et journalier jusqu'à l'instant de sa mort. On a dit que ses restes avaient été portés dans le cimetière de Ste.-Marguerite ; mais comme aucunes mains amies n'avaient soutenu son corps défaillant et soulevé sa tête mourante, il ne s'est trouvé aucune main pieuse pour bénir cette misérable fosse, et pour y marquer ce coin de terre où venaient aboutir tant de gloire et d'atrocités, tant d'espérances déçues et de lâchetés féroces. Il n'est donc pas étonnant que les fouilles ordonnées par le Roi son oncle, en 1797, n'aient produit aucun résultat. Il ne faut pas être surpris, non plus, de ces tromperies au moyen desquelles ou voudrait exploiter la crédulité publique. Il a déjà paru depuis la mort de ce Prince, jusqu'à cette présente année 1798 (le 8 septembre), quatre Louis XVII en compétition l'un de l'autre, aussi bien qu'en instance de contribution de la part des Royalistes. Vous imaginez bien qu'aucun de ces faux Dauphins ne s'est jamais présenté devant M™e de Touzel, à qui nous en avons toujours référé pour décider notre recognition. C'est une fourberie, comme tant d'autres, mais elle ne saurait être adoptée sans une insigne folie.   (*Note de l'Auteur.*)

CHAPITRE IX.

Charles de Bourbon-Montmorency-Créquy. — Ses griefs et ses poursuites contre l'auteur. — Protection qu'il reçoit de l'Assemblée nationale. — Lettres de plusieurs députés à ce personnage. — Lettres de l'abbé Lamourrette, de M. de Talleyrand, de Robespierre et du général La Fayette. — Accusations ridicules et procès criminel.

Ma belle-fille m'écrivit des environs de Fribourg, où elle s'était réfugiée, et me disait, entre autres nouvelles, qu'elle avait rencontré le Baron de Breteuil qui lui avait raconté ce qui va suivre. Il y avait en Allemagne, et pour le moment en Prusse, un singulier personnage, émigré, disait-il, et qui se faisait appeler M. de Bourbon-Montmorency-Créquy, lequel était entré subitement, et sans autre cérémonie, dans l'arrière-cabinet du Prince Henri de Prusse, où se trouvait alors la Duchesse de Courlande, avec Mme de Sabran, le Marquis de Boufflers et quelques autres émigrés français. Après s'être approché du vieux prince, auquel il se mit à dire à voix basse une foule de choses à peu près inintelligibles, il ouvrit un coffret qu'il avait apporté, en lui disant : — Monseigneur, je vais vous montrer comme quoi cette exécrable famille de Créquy a fait de son mieux pour m'empêcher de continuer mon illustre lignée, et pour usurper tous mes biens. Le Prince Henri se lève et se récrie ; on approche et l'on voit un horrible objet qui paraissait avoir été détaché de quelque momie.... On met le plaignant à la porte ; on a soin de le consigner à la grille du château ; et ceci me parut une extravagance à laquelle je ne fis pas autrement d'attention.

Quelque temps après, l'Abbesse de Saint-Antoine (1) me fit dire de me tenir en garde contre les entreprises d'un aventurier qu'on avait chassé des terres de l'empire, où il avait fait semblant d'émigrer, et qui projetait de revenir à Paris pour nous y dénoncer et nous y poursuivre en restitution de toute notre fortune, et notamment du domaine ducal de Créquy, qui ne valait pas moins de quatre-vingt mille écus de rente. Il était pourtant bien avéré que votre maison ne possédait plus ce grand fief, par la raison que, n'étant pas réputé *salique*, il avait été porté par l'héritière de votre branche aînée dans la maison de Blanchefort, et de là dans l'héritage des Ducs de Bouillon. — Mon Dieu, répondis-je à Mme de Saint-Antoine, il n'a qu'à venir ; je ne pense pas qu'il existe un tribunal assez stupide ou assez prévaricateur pour lui donner gain de cause ! Vous allez voir si j'avais sujet de me confier

---

(1) Gabrielle de Beauvau, Abbesse du monastère royal des Bénédictins de la rue Saint-Antoine, et sœur du Maréchal de ce nom, laquelle est morte à Paris en 1806. Le Chevalier de Boufflers, son neveu, disait toujours qu'elle était la personne la plus naturellement spirituelle et la plus naïvement piquante qu'il eût jamais connue. (*Note de l'Éditeur.*)

à l'intelligence et l'intégrité d'un tribunal révolutionnaire ?

Notre antagoniste, auquel il m'est impossible de donner un nom certain, car on n'a jamais pu savoir au juste ni quel était, ni d'où sortait cet homme-là ; notre antagoniste, dirai-je, avait débuté par présenter une pétition à l'Assemblée nationale, dans laquelle il se disait fils légitime de Louis XV et d'une fille naturelle de Louis XIV, à laquelle il avait fabriqué la risible qualification de *princesse de Montmorency, de Schœitzberg, de Freyberg et du saint Empire romain*. Il est à noter que ladite princesse aurait possédé des *états* et qu'elle aurait été *souveraine* en Allemagne, ce qu'il était bien aisé d'éclaircir et de réfuter, pour peu qu'on eût un almanach et du sens commun. Notre homme se plaignait d'avoir été détenu prisonnier par ordre de mon beau-père, et pendant quarante-six ans. Il m'accusait, nommément et notamment, d'avoir sollicité et obtenu un ordre du Roi Louis XVI pour le faire *saigner des quatre membres*, et voici le texte de sa narration :

« Les sieurs Blanchefond et Davaud, juges de la
« prévôté, étant présens dans mon cachot, ainsi
« que les dames de Créquy, on me mit absolument
« nu ; on me lia sur une chaise de bois, après quoi
« Madame et M. de Créquy montrèrent l'ordre
« qu'ils avaient apporté, en commandant à leur
« chirurgien de m'ouvrir les quatre veines. Ce par-
« ticulier, tout troublé, pratiqua effectivement deux
« saignées aux bras, dont je porte encore les mar-

« ques; mais il ne voulut point faire celles des
« pieds, en disant que ces opérations suffiraient,
« me jugeant, alors saisi de frayeur, en état pro-
« chain de mort. Quand mes persécuteurs et usur-
« pateurs de mes biens, furent partis, le chirurgien,
« qui n'avait pas eu de peine à reconnaître leurs
« projets infâmes, referma mes saignées, et mit tout
« en usage pour me rappeler à la vie, malgré que
« je fusse moribond, vu la quantité de sang que j'a-
« vais perdue ; et depuis ce temps-là ma santé en
« a été considérablement affectée. Voilà pourquoi
« je demande à l'auguste Assemblée nationale,
« d'abord la punition exemplaire des ci-devant et
« soi-disant Créquy, ensuite la restitution de tous
« les biens qu'ils possèdent injustement, et qui
« m'appartiennent, et finalement des gardes na-
« tionaux pour veiller à la sureté de ma personne,
« avec ma réintégration dans les domaines, terres
« et châteaux de Chambord, de Bellevue, du Ples-
« sis-Picquet et autres maisons de plaisance dont
« les noms me sont échappés, et qui m'avaient été
« donnés en apanage par le roi mon père, comme
« aussi plusieurs millions de piastres d'Espagne,
« et autres richesses immenses et inappréciables,
« mon intention étant qu'un tiers de ces biens sera
« pour payer les dettes de l'État, et un autre tiers
« pour procurer à la *Société patriotique des jeunes*
« *Français,* établie au prieuré de la rue Saint-
« Martin, et fondée par M. *Léonard Bourdon*; tout
« le développement dont cet établissement, si pré-
« cieux pour la régénération des mœurs et l'affer-
« missement de la liberté et de l'égalité, est suscep-

« tible, ce sera faire justice à l'infortuné pétition-
« naire,

Charles de BOURBON-MONTMORENCY-CRÉQUY,

Victime du despotisme royal, du fanatisme sacerdotal et de la tyrannie nobiliaire. Rue de Richelieu, hôtel de la Marine, à Paris. Ce 15 novembre 1791.

Vous imaginez peut-être que l'Assemblée nationale eut assez de bon sens pour passer à l'ordre du jour, après avoir écouté patiemment une pareille kirielle de bêtises et de suppositions extravagantes. Eh bien ! pas du tout. M. de Bourbon-Montmorency-Créquy (je vous demande un peu comment ces trois noms-là pouvaient se trouver légalement unis ensemble ?) fut accueilli le plus honorablement et le plus favorablement du monde. MM. Bailly, Target, Camus, Brissot, Lafayette, et surtout l'abbé Lamourette, évêque constitutionnel du département du Rhône, s'imaginèrent de prendre fait et cause pour cette innocente et intéressante victime de l'*inhumanité nobiliaire*. Notre homme ne manqua pas de s'en prévaloir en faisant imprimer leurs lettres, ainsi qu'il appert des journaux du temps (1), et finalement il en vint à mettre dans ses protections et ses poursuites une telle confiance, qu'il poussa la folie jusqu'à me dénoncer à l'Assemblée nationale, en m'accusant de l'avoir fait *infibuler*, à l'exemple des maîtres d'école et des directeurs des théâtres de

(1) Voyez les pièces justificatives à la fin de l'ouvrage.

l'ancienne Rome ; mais, de ma part, ce n'était pas seulement pour l'obliger à vivre dans la continence, comme les écoliers et les histrions romains, c'était pour l'empêcher d'*avoir des enfans*, disait-il, afin de maintenir mon fils dans la possession du duché de Créquy, dont il ne nous restait seulement pas un arpent de terre..

L'*infibulation* dont il s'agit devait avoir eu lieu, non pas au moyen d'un étui de fer, comme ceux dont parle Suétone, mais au moyen d'un *anneau d'or*, à charnière, en forme de *boucle d'oreilles*, et solidement ajusté par deux *chaînes d'or* qui traversaient l'*os sacrum*, et qui venaient aboutir à un *cadenas* également d'or, dont il demandait à l'Assemblée de me condamner à lui restituer la clef, ce qui m'aurait prodigieusement embarrassée.

Il m'accusait tout aussi faussement, vous pouvez bien y compter, de lui avoir fait ouvrir la bouche avec un *bâton ferré*, pour lui faire avaler forcément un breuvage d'*impuissance* composé de son *propre sang*, de celui d'une jeune fille *innocente*, qui figurait au nombre des témoins, s'il vous plaît? et de plusieurs autres *drogues* que la *pudeur* ne leur permettait pas de nommer, disaient-ils, en présence de l'Assemblée législative, sur laquelle il paraît que cette partie de la dénonciation produisit une impression très-douloureuse, avec un éclat d'indignation la plus terrible contre ces *atroces Créquy !* comme disait à mon avocat cet animal de M. Roland, qui ne pouvait jamais douter de rien, sitôt qu'on accusait un membre de la Noblesse ou du Clergé de France.

Tout ce que je vous rapporte est *constaté* par une suite de procès-verbaux aussi bien conditionnés que possible, et signés par quatre chirurgiens *patriotes*, lesquels déclarent avoir libéré M. de Bourbon-Créquy de cette coupable infibulation, dont soixante et six témoins n'hésitent pas à m'attribuer l'exécution criminelle. Les mêmes témoins certifient que le pétitionnaire est marqué sur *le bas du dos* d'une espèce de chandelier à sept branches qui s'appelle un *créquier de gueules,* et, de plus, que les chirurgiens experts, assistés d'un commissaire héraldique, ont vérifié que le pétitionnaire avait apporté *en naissant cette marque naturelle de la partie principale des armoiries de la maison de Créquy.* Merveilleux privilége et singulier motif pour me déposséder de mes terres du Maine et de mon hôtel de la rue de Grenelle à Paris !

La chose qui m'ennuyait le plus dans cette incroyable poursuite, c'était la sottise et la frayeur de mes gens d'affaires, qui me persécutaient pour me faire abandonner mon domicile et pour me faire quitter Paris ; ils prétendaient que le peuple viendrait m'égorger, mais je les envoyais paître en disant qu'ils étaient des poules mouillées. — Mais, Madame, il a déjà obtenu sentence pour vous déposséder de votre hôtel, qu'il a réclamé comme étant provenu de l'héritage du Roi, son père. — Allez dire à vos imbéciles de juges que j'ai acheté cette maison-ci du Marquis de Feuquières, et pour ma vie durant. Je n'en sortirai pas vivante, et volontairement du moins !

La suite a prouvé que j'avais eu raison de ne pas

en démordre, car après trois années d'impostures et de persécutions incroyables d'une part, et de résistance et de persistance continuelles de l'autre, ce misérable homme a fini par être condamné à la guillotine, et par être exécuté, pour lui apprendre à se dire le fils de Louis XV. et de mademoiselle de Montmorency, bâtarde de Louis XIV, comme aussi pour le récompenser d'avoir été le petit-fils, le gendre et l'héritier d'un Vicomte Alphonse de Créquy, qui n'exista jamais. Il a péri sur l'échafaud, à la barrière du Trône, en qualité d'*aristocrate*, le 7 thermidor an deuxième de la république, ainsi qu'il est rapporté dans les gazettes du temps. Son acte de condamnation lui donne les noms de *Charles-Alexandre de Bourbon-Créquy*. On a cru que ce devait être un marchand de tripes et de gras-double du quartier Saint-Denis, qui s'appelait *Nicolas Bézuchet* ; mais on n'a jamais pu s'assurer quel était le véritable nom de cet imposteur, dont les manœuvres ont fini par aboutir au supplice. Il a causé beaucoup d'embarras à mon fils, surtout pendant notre emprisonnement et mon procès au tribunal révolutionnaire, dont je vous donnerai les principaux détails en temps et lieu. En attendant mieux, je vous rapporterai seulement quelques-unes des lettres de protection qu'on accordait contre nous à ce maudit personnage, et qu'il a fait publier dans un opuscule intitulé : VÉRITÉS EFFRAYANTES. (Chez Pongin, rue Mazarine, etc. Voyez pièces justificatives). C'est une chose à n'y pas croire ; et du reste vous en trouverez la substance dans toutes les gazettes de la Révolution.

Copie de la lettre de M. l'Evêque de Lyon.

A M. DE BOURBON-MONTMORENCY-CRÉQUY.

Paris, 9 novembre 1791.

« Monsieur,

« J'ai l'honneur de vous renvoyer votre précis
« que j'ai relu avec un nouvel intérêt. Vos mal-
« heurs, en vous rendant plus précieux aux yeux
« de l'humanité, et plus cher à toutes les âmes
« sensibles, vont devenir une attestation bien
« éclatante de la nécessité de la grande révolution
« qui nous délivre de tant d'oppressions féroces de
« l'innocence, et qui éclaire tout le genre humain
« sur l'affreux caractère de ceux qui ont osé s'en
« établir les maîtres. Vous allez jouir d'un triom-
« phe que partageront tous les peuples de l'Eu-
« rope, j'en jouis d'avance avec tous mes collègues
« de l'Assemblée. Il sera bien glorieux pour vous,
« Monsieur, de sortir de tant de tribulations, sous
« la garantie des lois constitutionnelles, et dans
« un temps où il y a plus d'honneur à obtenir
« l'estime et à exciter la sensibilité d'un peuple
« vertueux et bon, qu'il n'y en eut jamais à être
« né l'enfant des rois. Recevez les assurances de
« tous les sentimens qu'inspirent vos vertus et
« tous les maux que vous avez endurés, et avec
« lesquels je suis inviolablement, Monsieur, votre
« très-humble et très-obéissant serviteur.

ADRIEN LAMOURETTE,
Év. métrop. de Lyon.

Billet de M. de Talleyrand à M. Alexandre de Créquy.

Hôtel de la Marine, rue Richelieu.

« J'ai l'honneur de souhaiter le bonjour à Monsieur B. M. de Créquy. J'ai donné son mémoire imprimé à un de mes amis ; je voudrais qu'il voulût bien m'en donner un autre pour en faire relater les principaux faits dans le projet d'adresse en question. Monsieur de Créquy peut compter sur mon dévouement. Il est sincère.

TALLEYRAND.

Ce mardi.

Copie de la première lettre de M. de Robespierre.

Paris, 10 novembre 1791.

« Monsieur, vous me trouverez toujours disposé, comme je le dois, à vous seconder de tout mon pouvoir, avec le zèle que vous pouvez attendre d'un sincère ami de l'humanité gémissante et de la liberté combattue par les deux fanatismes. J'aurai l'honneur de vous attendre et de vous recevoir chez moi, dimanche matin. Croyez, Monsieur, que je suis avec tout le respect qu'inspirent votre courage et vos malheurs, votre très-humble et très-obéissant serviteur.

ROBESPIERRE aîné.

Copie de la seconde lettre de M. de Robespierre.

« J'ai l'honneur de présenter à Monsieur de
« Créquy mes complimens et mes félicitations sur
« le succès que l'opinion de mes collègues a dû me
« faire augurer, et de le prévenir que l'Assemblée
« nationale a arrêté qu'il serait reçu à la barre
« dimanche prochain. J'ai appris qu'il s'était mis
« en rapport avec notre collègue Vaublanc, et je ne
« lui en aurais pas donné le conseil pour plusieurs
« raisons, dont je lui rendrai compte à notre pro-
« chaine entrevue.

ROBESPIERRE aîné.

Copie de la troisième lettre de M. de Robespierre, et cause de son refroidissement pour moi.

« Monsieur de Créquy m'écrit qu'il doit aller voir
« M. de Vaublanc, vendredi matin, et moi je lui
« donne le conseil de n'en rien faire, à moins qu'il
« ne veuille s'aliéner une partie notable de la ma-
« jorité de l'Assemblée qui suspecte, non sans
« raison, le patriotisme de ce député. Je ne suis
« pas satisfait du *projet d'adresse* de M. de Créquy.
« Je trouve qu'il existe aussi, dans son mémoire
« imprimé, plusieurs passages qu'il aurait fallu
« revoir et corriger avant de les lancer dans la pu-
« blication, sous les yeux d'un public et d'une As-
« semblée qui renferme des élémens d'une nature
« hétérogène, et dont un assez grand nombre de
« membres seront et doivent être naturellement

« opposés à des réclamations ou dénonciations sem-
« blables à celles de M. de Créquy. Encore une
« fois, je suis fâché qu'il ne sache ou ne veuille
« pas s'y prendre de manière à tirer parti de tout ce
« que sa position présente d'intéressant et d'ex-
« cellent.

R. a.

Lettre du Maire de Créquy-le-Châtel, à Monsieur de Bourbon-Montmorency-Créquy, victime de l'arbitraire.

AU NOM DE TOUS LES CITOYENS

DE CETTE COMMUNE.

Citoyen, cher et ancien Seigneur.

"Non, jamais la joie n'a donné plus d'influence d'amour patriotiste dans les cœurs sensibles, en apprenant toutes les tortures et autres vexations que vous avez souffert d'un usurpateur et usurpatrice sanguinaires. Il faut que malgré l'intrigue cabaleuse, il faut que la justice se fasse jour et vous fasse triompher de vos spoliations; mais comme aussi il faut pardonner pour être généreux, et que chaque amour propre devienne un amour général. Honoré de votre présent par le cadeau de votre adresse à l'Assemblée législative et de votre mémoire au peuple français, il faudrait avoir des cœurs incompatibles et martial pour ne pas se soustraire à la justification de vous en savoir libéré. Oui ! notre concitoyen, et ancien Seigneur, nous avons le cœur martial pour combattre contre les ennemis du bon ordre, et pour soutenir une nation si favorisée et qui aujourd'hui est une famille fraternelle. Il est donc de notre devoir que les liens de la concorde abattent toutes les lois anarchiques, afin que le nom de Français soit à jamais honoré des siècles à venir : c'est le seul de nos vœux, cher compatriote, recevez de nous un attachement de fraternité au nom de tous mes concitoyens, en attendant le plaisir de vous voir réinstallé dans vos propriétés de ce département. Je vous salue avec une fraternité civique et d'amitié.

Votre très-humble,

GOGELLET,

Maire de Créquy, département du Pas-de-Calais, arrondissement de Montreuil-sur-Mer.

Ce 30 décembre

Copie d'une lettre de M. de Lafayette.

« Je ne doute en aucune façon, Monsieur, de vos malheurs et des sévices dont vous avez été la victime ; cependant, Monsieur, permettez-moi de conserver un doute qui ne s'applique qu'à la personne de votre persécuteur, et nullement à la réalité de la persécution. Je connais depuis longues années, ainsi que j'ai eu l'honneur de vous le dire mardi dernier, une des personnes à qui vous vous en prenez, et je vous avouerai que tout ce que je connais de son caractère et de ses habitudes, me paraît, si ce n'est en opposition formelle, au moins en notable dissemblance avec une pareille conduite. Je sais que la dévotion n'est souvent qu'un masque; mais je dois supposer que les apparences de la moralité et de l'humanité ne sauraient être gardées de manière à pouvoir tromper ce que l'on appelait autrefois la ville et la cour, et ceci pendant quatre-vingt-sept ou huit ans. Monsieur, permettez-moi de me récuser en vue d'une pareille incertitude; soyez assuré que je n'en conserve pas moins le plus vif intérêt pour vos malheurs, ainsi qu'une parfaite estime pour votre caractère. J'ai l'honneur d'être avec un entier dévouement, votre T. H. serviteur.

LAFAYETTE.

14 décembre.

Cet admirable général avait cru faire un acte d'équité miraculeuse, en écrivant qu'il ne me supposait pas capable d'avoir fait infibuler un parent de mon fils, et de l'avoir fait saigner des quatre membres, afin d'usurper et de m'approprier la totalité de ses biens. Mais il n'en aurait pas voulu dire autant de votre père, et de votre grand-père encore moins; ce qui fait que je lui jetais la pierre au lieu de le remercier, tout aussitôt qu'il arrivait chez ma nièce de Tessé qui était la tante de sa femme. J'en reste là pour aujourd'hui sur le chapitre de mon procès. Voici le moment de vous parler d'une calamité plus funeste, et d'un accident bien autrement mémorable et douloureux que mes tribulations révolutionnaires.

CHAPITRE X.

Départ de la famille royale. — Arrestation du Roi à Varennes. — Un mot de la Reine pendant le sommeil de son fils. — Malentendu qu'on reproche au Duc de Choiseul. — Jugement de l'auteur sur la conduite et le caractère de M. de Choiseul. — Réclamations de M. de Choiseul contre les *Mémoires du Marquis de Bouillé*, pendant la restauration. — Sa résignation présumable depuis la révolution de juillet, etc.

Le départ de Louis XVI et cette réunion d'accidens qui vinrent s'opposer au passage de la famille royale à Varennes, est certainement un des incidens les plus funestes et les plus affligans de la révolution française. L'héritier de nos rois quitte furtivement son palais au milieu de la nuit; il rejoint en silence une épouse alarmée, ses enfans, sa sœur et quelques serviteurs fidèles. Il a eu le bonheur de pouvoir éviter tous les piéges qui sont tendus autour de lui pour le perdre; il a échappé à tous les dangers qu'il pouvait prévoir, et tandis que la voiture qui renferme le Roi, le Dauphin, la Reine, Madame Royale et Madame Élizabeth, se dirige avec rapidité vers la frontière du Nord, il se trouve qu'à cent lieues de sa capitale, il est reconnu, ou pour mieux dire, il est deviné par un homme du peuple, qui n'avait jamais vu de lui que l'écu du prince et l'empreinte de son effigie sur la monnaie. Agité par un instinct

sanguinaire et par un ardeur de nuire inexplicable,
à moins qu'elle ne fût inspirée par la furie du régicide et de l'impiété, cet homme s'est mis à poursuivre la voiture du Roi jusqu'à Varennes : il y secoue pendant la nuit les torches de la rébellion, et les habitans, qui s'éveillent à ses cris, s'élancent à demi-nus sur le pavé de cette infame bourgade. On les aurait pris pour des spectres ou des messagers de l'enfer ; les uns portant des fourches, comme le génie de la révolte et les démons séditieux du poète ; les autres armés de faulx comme des ministres de la mort. On arrête la voiture du Roi, et le tocsin rassemble autour de lui dix mille forcénés. Retenu dans une chambre de l'auberge avec sa famille, il attend et finit par y recevoir un décret de l'Assemblée législative qui commandait aux citoyens, aux militaires, aux magistrats et autres sujets du Roi, de s'opposer à son départ. « Il n'y a plus de Roi en France! » répondit le martyr à l'envoyé de Lafayette ; ensuite il posa l'insolent décret sur une couchette grossière où le Dauphin sommeillait paisiblement à côté de sa sœur. La Reine, qui restait assise et qui veillait auprès de ses enfants, jette un regard assuré sur ces prétendus mandataires du peuple, et prenant le message de l'Assemblée qu'elle laisse tomber à ses pieds : « Je ne veux pas, dit-
« elle, que cet indigne écrit souille la couche de
« mon fils! »

Qui pourrait exprimer la dignité, la délicatesse et la bonté d'un maître si généreux? Qui pourra déplorer avec assez de larmes l'effroi, les tourmens et les afflictions de cette femme toute royale? Au milieu des clameurs impies dont sa personne et sa famille étaient l'objet, à travers les flots d'une populace irritée, on entraîne le Roi, la Reine et leurs enfans pour les ramener à Paris......... Ainsi, des ordres bien observés, des mesures si bien prises, et tant de précautions dictées par la sagesse du Roi, la fidélité des soldats, la bravoure et le dévouement des chefs de l'entreprise, tout cela vient échouer dans une bourgade obscure, par la malveillance d'un maître de poste; en sorte que c'est vraisemblablement un misérable nommé Drouet, à qui nous devons les crimes de la Convention, trois années de carnage et douze ans de calamités sans nombre avec des regrets éternels.

Le sentiment qui résulte de cette catastrophe de Varennes est doublement pénible, en ce qu'il s'y joint la contrariété la plus douloureuse et l'irritation de la haine et du mépris contre les révolutionnaires, à la terreur de la Providence, à cet effroi de la conscience et de la raison qui vient saisir le cœur humain, quand la destinée de l'homme juste nous apparaît comme le Destin de l'antiquité païenne, ou comme la Fatalité de l'islamisme, en opposition directe avec la justice de Dieu. *Non est sapientia contra Dominum, et propter peccata terræ multi principes ejus.* Sans doute, il n'est point de sagesse contre le Seigneur, et quand les tyrans se multiplient, c'est à raison de l'iniquité des peuples.

En vous parlant de la bravoure et du dévouement des chefs de l'expédition, il ne saurait être question que du Comte Charles de Damas, du comte de Raigecourt et du Marquis de Bouillé; car, en vérité, je n'ai pas eu l'intention d'y comprendre le Duc de Choiseul, qui ne se serait pas conduit différemment s'il avait agi de concert avec le Duc d'Orléans et les autres ennemis du Roi, pour faire manquer l'entreprise. Il avait écrit (sans commission ni permission de le faire) à tous les chefs de tous les détachemens qu'on avait échelonnés sur la route du Roi, de manière à leur faire supposer qu'il ne fallait plus s'attendre à voir arriver personne; M. de Damas n'en tint compte, parce qu'il savait à quoi s'en tenir sur la pauvre tête et le peu de jugement de ce donneur d'avis, de sorte que le détachement qui se trouvait à Clermont n'en fit pas moins son office d'escorte; mais M. d'Andoins, qui ne connaissait pas assez bien le Duc de Choiseul, pour savoir qu'il ne fallait jamais écouter ce qu'il disait ni prendre garde à ce qu'il écrivait, M. d'Andoins se crut obligé de faire desseller tous les chevaux, et d'envoyer dormir tous les cavaliers du détachement qu'il commandait à Sainte-Menehould, en sorte qu'ils ne purent arriver à temps jusqu'à Varennes, où la présence de ces fidèles soldats aurait infailliblement déterminé l'inaction du peuple et la libération de la famille royale. Ce pauvre d'Andoins en est mort inconsolable; — je ne connaissais de ce Duc de Choiseul, nous disait-il, que le nom qu'il porte et qu'il doit à sa femme. — Hélas! s'écriaient tous les Choiseul de la nature (en gémissant à double intention), c'est un nom qui se trouve bien mal porté!... Toujours est-il que ce malheureux Choiseul éprouve continuellement une agitation pour faire, avec une impuissance d'opérer qui le rend insupportable et qui pourrait en faire un homme dangereux. On n'a jamais compris pourquoi ni comment il avait été mis dans la confidence d'une chose importante, et surtout d'une affaire aussi majeure que ce départ du Roi. Si le Duc de Choiseul devient jamais démocrate ou révolutionnaire, il pourra se vanter d'avoir eté la première cause de tous les malheurs de la famille royale ; il pourra demander sa part des honneurs de 93 avec Drouet le maitre de poste, et Rublatout le taillandier (1).

(1) En 1822, 1823, 1824 et 1825, à la suite de la publication des *Mémoires de MM. de Bouillé*, M. de Choiseul avait essayé de se disculper dans plusieurs journaux et notamment dans le *Drapeau blanc*, où l'on pourra trouver ses protestations de fidélité *pour nos maitres légitimes*. Comme M. le Duc de Choiseuil-Stainville est devenu septuagénaire, et aide-de-camp de M. le Duc d'Orléans, il ne mettra peut-être pas, aujourd'hui, la même ardeur et la même opiniâtreté dans sa défense.

(*Note de l'Éditeur*, 1835.)

CHAPITRE XI.

L'abbé Desmarets. — Révélations sur un des principaux agens de la police impériale. — Une bonne nouvelle de l'émigration. — Les funérailles du général Duphot. — Anniversaire des 13 et 14 juillet. — Représentation scénique à Notre-Dame. — L'évêque du département de la Seine et M. de Talleyrand. — Ils assistent à cette parade révolutionnaire. — On chante *Ça ira* dans cette église. — Le député Gasparin. — Il est organiste et devient régicide. — Lettre du Dieu St.-Simon à l'auteur. — Entreprise industrielle dont M. de Talleyrand veut être actionnaire. — Projet de démolir la Métropole de Paris. — Proposition de fabriquer des pipes. — Réponse de l'auteur au Dieu St.-Simon. — M. Rouillé de Lestang. — Son caractère honorable et ses habitudes remarquables. — M. de Pastoret, héritier de M. de Lestang. — Origine de sa famille et singularité de ses armoiries. — Notice biographique sur M. le Chancelier.

Retournons à nos débats judiciaires avec Nicolas Bézuchet, car encore est-il indispensable que nous donnions à un personnage réel (et malheureusement trop réel) un nom quelconque; je ne saurais lui reconnaître le droit de s'appeler ni Bourbon ni Créquy; ainsi, va pour Bézuchet. C'était d'ailleurs sous ce nom-là que mes gens d'affaires étaient convenus de le poursuivre.

Je m'étais bien gardée de quitter Paris, où j'avais pu rendre quelques services à nos malheureux souverains, et je calculai que si je me déplaçais après cette horrible journée du 10 août, ce serait pour tomber de Charybde en Scylla, ce qui fit que je restai cinq à six mois claquemurée dans mon hôtel, où je ne laissais plus entrer que mon fils, que M. le Duc de Penthièvre et que Mmes de Chastillon, de Fleury, de Noailles et de la Rivière.

Ce fut à la même époque que l'abbé Desmarets, mon chapelain, s'en alla de chez moi sans m'en rien dire ; et quand j'appris qu'il avait fini par se marier, et par entrer dans la police, il est bien entendu que j'en ai rendu grâce au ciel ! (C'est du départ de l'abbé que j'entends parler.) Je n'ai jamais revu Desmarets qu'une seule fois ; c'était à la commission de radiation pour la liste des émigrés, sur laquelle on n'avait pas manqué de m'inscrire, quoique je ne fusse pas sortie de l'Ile de France et du Gâtinais depuis cinq à six ans. Le Citoyen commissaire national écrivait de toute sa force, il ne leva pas les yeux de dessus ses papiers, et nous fîmes semblant de ne pas nous reconnaître.

Je me souvins qu'il se trouvait dans son antichambre un brave homme de l'armée de Condé qui m'attaqua de conversation et qui me raconta les plus consolantes et les plus satisfaisantes nouvelles du monde ; il m'assura positivement que le Roi n'était pas mort ; c'était, disait-il, un apothicaire de la rue Saint-Denis qui ressemblait prodigieusement à Louis XVI, et qui s'était laissé mettre à mort à la place du Roi ; il ajouta qu'il avait très bien connu ce bon apothicaire, et que c'était, du reste, un des signataires de la protestation du cloître Saint-Merry.

— Vous verrez, lui dis-je, que pour décider ce brave homme à se laisser guillotiner, on lui aura promis une rente viagère?

— Oh! non, répliqua notre émigré, ce sera plutôt quelque bonne pension sur la gabelle ou sur les parties casuelles après la rentrée de nos princes ; et ceci vous prouvera que mon nouvelliste était un fin matois.

Il me dit aussi qu'il était allé quelques jours auparavant dans une tribune de la salle du Corps-Législatif, où l'on avait déposé le corps du général Duphot qui avait été tué dans les rues de Rome. Le cercueil était élevé sur une estrade au milieu de la salle toute pavoisée de drapeaux tricolores ; on fit des panégyriques interminables à la gloire du défunt, et tous les législateurs défilèrent à tour de rôle en étendant la main droite sur le cercueil du général Duphot, et en disant, chacun avec l'accent de sa province : IL SERA VENGÉ!

— Je n'y comprends rien, disait une vieille dame qui se trouvait dans la tribune, et j'entends : IL SERA MANGÉ!

— Allons donc, citoyenne, lui répondit un jeune officier républicain, manger le corps d'un général qui est mort en Italie il y a plus de trois mois! Comment peux-tu supposer que des représentans du peuple soient capables d'une pareille cannibalerie, une saloperie?........

— Monsieur! lui dit notre émigré avec un air et d'un ton foudroyant, ces gens-là sont capables de tout!

Il avait l'air de s'applaudir de cette belle réplique, et j'en ai ri toutes les fois que j'y ai pensé.

Revenons donc à ce procès, étrange épisode de ma longue vie ; vous savez que je n'ai pas entrepris de vous faire l'histoire de France avant ou pendant la révolution : l'effet d'une révolution pareille à la nôtre était d'isoler et de contracter nos sentimens dans un cercle d'affections tellement restreint, qu'au-delà de notre Souverain, de sa famille, de la nôtre et de quelques amis intimes, on ne voyait personne et l'on ne songeait à nulle autre chose qu'à bien mourir. Tout ce que je vous dirai dorénavant, sera purement et simplement mon histoire, attendu que je ne me suis plus occupée que de ce qui regardait personnellement les prisonniers du Temple et M. le Duc de Penthièvre, mon fils, ses enfans, mes vieilles amies et quelques bons prêtres à qui je donnais l'hospitalité chez moi.

Le deuxième anniversaire de la prise de la Bastille avait été célébré de la manière la plus tyrannique, car on nous avait envoyé l'ordre d'illuminer, exigence à laquelle je n'avais pas voulu satisfaire, et ce dont il ne m'arriva rien, grâce à Dieu ! Vous verrez qu'il m'a toujours fait la grâce de ne montrer aucune faiblesse et de ne donner aucun scandale.

Il y avait eu la veille une horrible parade à Notre-Dame, où l'évêque constitutionnel de la Seine avait trôné sur la chaire de M. l'Archevêque, en assistant à la représentation d'une parade intitulée CONQUÊTE DE LA BASTILLE, lequel hiérodrame était mêlé d'évolutions militaires avec des couplets fabriqués par un jeune homme appelé M. Désaugiers (je ne doute pas qu'il ne s'en soit repenti quand on l'a mis en prison). L'organiste avait été prévenu la veille, au nom du corps électoral et des quatre corporations administratives ; c'est à dire le Club des Jacobins, le Département, le District et la Commune de Paris, pour qu'il eût à se rendre à l'église métropolitaine afin d'y jouer l'air national et patriotique de *Ça ira.* Voici les paroles de ce cantique :

> Ah ! ça ira, ça ira, ça ira,
> Les aristocrat' à la lanterne !
> Ah ! ça ira, ça ira, ça ira,
> Les aristocrat' on les pendra !

Mais ce pauvre organiste avait dit pour dissimuler son aristocratie, et parce qu'il avait bonne envie de ne pas être pendu, il avait dit que ce bel air de métropole était trop nouveau pour se trouver dans son répertoire, et qu'il ne saurait comment s'en acquitter. Ce fut un député nommé Gasparin qui joua de l'orgue et qui ne s'en tira pas trop bien, quoique ce fût son ancien métier. A la vérité, c'était dans les rues qu'il en avait joué et c'était de l'orgue de Barbarie, disait-on ; mais la chose n'est pas tout-à-fait certaine, et c'était peut-être de la vielle organisée ? Vous verrez dans les *Actes des apôtres,* à propos de ce Gasparin, qu'ayant été nommé du *comité de correspondance,* à la Convention nationale, il avait eu la conscience de demander son remplacement parce qu'il ne savait lire que l'écriture imprimée ; il n'en a pas moins voté la mort du Roi, par conscience ; et quant à M. de Talleyrand, consécrateur de M. Gobel, évêque de la Seine, je vous dirai qu'il assistait à ladite cérémonie triomphale côte-à-côte avec son confrère et sur la même estrade, en habit d'évêque. Il paraît que c'est la dernière fois qu'il a porté le violet, ce digne prélat! Mais tout ce que je vous raconte ici n'est qu'en préambule, et vous saurez que sept ou huit mois après tout ceci, l'église de Notre-Dame avait été mise en vente, et que c'était un M. de Saint-Simon, l'intime ami de M. de Talleyrand, qui l'avait *soumissionnée* pour la démolir.

Malheureusement pour M. de Talleyrand, qui voulait prendre part aux bénéfices de l'entreprise, il se trouva que M. de Saint-Simon n'avait plus ni crédit ni fortune, et comme M. de Talleyrand n'avait jamais eu ni l'un ni l'autre, il ne leur fut pas possible de réunir une assez forte somme en assignats, pour obtenir à titre d'arrhes, apparemment, l'enregistrement de la soumission que ce prélat constitutionnel avait fait entreprendre, en ayant eu le bon goût d'arranger la chose à cette fin qu'il n'y parût pas à découvert. Il avait fallu *deux charettes* à M. de Saint-Simon pour transporter de chez lui jusqu'à la maison du *ci-devant St-Esprit*, place de Grève, une immensité d'assignats qu'il avait apprêtée pour son opération sacrilége; mais le compte fait, il s'en manquait encore de trois cent cinquante à quatre cents millons, pour qu'il eût complété la somme exigée par l'administration des biens nationaux; et voilà du moins ce qu'il m'écrivit en me demandant si je ne voulais pas lui prêter deux cent vingt mille francs en numéraire, afin de les convertir en papier, et d'y profiler raisonnablement. Il avait ouï dire à M. de Sillery que j'étais une riche *capitaliste*, et que je devais me trouver fort embarrassée pour employer ce qu'il appelait mes capitaux !

Ce M. de Saint-Simon avait déjà pris la peine de m'écrire il y avait de cela deux ou trois mois, et c'était pour me proposer de prendre un intérêt dans une fabrique de pipes et de poterie, dont le Duc de Liancourt avait fait les premiers frais; mais vous pensez bien que je n'avais pas pris la peine de lui répondre. Vous représentez-vous votre grand'-mère, Mlle de Froulay-Tessé-Beaumanoir et Lavardin, qui aurait fait faire des cruches, des pipes et des pots de chambre de terre, afin de les vendre? Je suis pourtant fâchée de n'avoir pas gardé copie de la réponse que je fis à cet extravagant Saint-Simon relativement à la démolition de Notre-Dame, et parce qu'il m'avait parlé de l'Empereur Charlemagne, en disant qu'il était son petit-fils ; ce que je ne voulus pas souffrir impunément quoique nous fussions dans la pleine terreur. Du reste, je l'avais si bien complimenté sur l'origine de sa famille et son extraction de la maison de Vermandois, qu'il m'écrivit une lettre remplie d'injures, et que je n'ai plus entendu reparler de lui sinon pour des cartes à jouer, comme je vous le dirai plus tard. Il faut convenir que c'était une étrange espièglerie de M. de Sillery; sa femme n'y comprenait rien du tout (1).

(1) Ces deux premières lettres du Mes-ie des St.-Simoniens font partie de la collection d'autographes de M. Duval Dumpierre, à qui Mme de Créquy les avait données ou confiées en 1799. (*Note de l'Éditeur.*)

Je n'ai pas encore eu l'occasion de vous parler d'un notable personnage, entre mes contemporains ; riche, honorable et généreux citoyen qui s'était trouvé, pendant longues années, à la tête de toutes les affaires municipales de Paris. On n'aurait pu s'expliquer comment ni pourquoi, si l'importance et la pleine confiance dont il était en possession n'avaient pas eu leur principe dans sa capacité, sa dignité modeste, et la parfaite obligeance de son caractère (1).

Avant la révolution de 90, on ne baptisait, on ne mariait, on n'enterrait jamais personne de la magistrature ou de la haute bourgeoisie de Paris, sans avoir convié M. de Létang pour assister à la cérémonie, où il ne manquait jamais de se trouver toutes fois qu'il en avait le temps. S'il avait pu le faire, il aurait été l'exécuteur testamentaire et le tuteur de

---

(1) David-Étienne Rouillé de Létang, Écuyer, Conseiller-Secrétaire du Roi, Maison, Couronne et Finances de France. C'est, je crois bien, le dernier protestant qui se soit soustrait aux pénalités de la révocation de l'Édit de Nantes, en se convertissant. Il était né bon gentilhomme, mais de famille huguenotte, et ne jouissant par conséquent d'aucune sorte de privilége ; il me semble que c'était comme enseigne de son abjuration (très édifiante et profondément sincère, en vérité), qu'il avait obtenu l'agrément d'acquérir une charge de Secrétaire du Roi. Ceci m'avait fait lui dire (après Boileau) :

« Nous le savons, Monsieur, votre famille illustre
« De l'assistance au sceau ne tire point son lustre. »

Ce qu'il écouta modestement et ce qu'il entendit avec plaisir.
(*Note de l'Auteur.*)

tout le monde. Tous les honnêtes gens venaient le supplier d'être leur arbitre, et il accommodait si bien tous les procès, qu'on l'avait surnommé *le fléau des procureurs.* Il avait reçu je ne sais combien de legs assez considérables ; mais, comme il ne manquait jamais de remettre la valeur d'un legs aux parens du testateur, on avait fini par ne lui léguer autre chose que des remerciemens, ce qui l'arrangeait beaucoup mieux.

Il s'était soulevé entre ma belle-fille et la Maréchale du Muy, veuve de son oncle, et pour la succession de ce Ministre, une contestation dans laquelle on entrevoyait le germe d'un procès : Mme votre mère s'en désespérait ; mais elle était excitée par ses gens d'affaires à ne rien céder, et c'était pour ne pas abandonner les intérêts de son fils, à ce qu'ils disaient. Mais ce qu'elle me disait avec une sorte d'embarras, comme celui d'un malade qui demanderait à son médecin la permission d'user d'un remède de bonne femme, c'est qu'elle aurait eu grande envie de proposer à la Maréchale du Muy de s'en rapporter à l'arbitrage de M. de Létang? Celle-ci finit par y consentir en dépit de l'avocat Siméon qui lui conseillait de n'en rien faire, et je m'en allai trouver M. de Létang, pour le prier d'examiner le testament, les consultations et autres paperasses, ce qui ne fut pour lui qu'une affaire de quarante-huit heures. Il me répondit que personne ne trouverait son compte à poursuivre et soutenir un pareil procès, à moins que ce ne fussent les procureurs et les avocats des parties plaidantes, attendu que les immeubles qu'on voulait réclamer au nom de votre mere, avaient été distraits de la succession de son oncle avant son mariage, et que c'était son cousin du Muy de Saint-Même qui devait s'en trouver en possession. Cette entreprise des gens d'affaires aurait eu le résultat de nous faire attaquer toutes les donations du Maréchal à ce collatéral de MM. du Muy, ce qui nous aurait plongés dans un dédale de procédures inextricables. Les instigateurs de cette mauvaise chicane en furent cassés aux gages, et tout le monde exalta la sagesse et l'intelligence de notre Salomon citoyen !

— Monsieur de Létang, voilà qu'on va bâtir la place de Louis XV, est-ce que vous n'y voudrez pas bien mettre du vôtre, à celle fin d'en parachever la belle décoration ?

— Vraiment oui ! Monsieur, répondait-il au vieux Gouverneur de Paris, le Maréchal de Brissac, — le devoir de tous ceux qui le peuvent est de contribuer à l'ornement tout aussi bien qu'à la salubrité de cette capitale ! — Et c'est lui qui a fait magnifiquement édifier la colonnade qui se trouve en pendant avec le Garde-Meuble, entre les hôtels de la Vieuville et de Coislin. Il y avait dans cet homme là du civisme de l'ancienne Rome, en équilibre avec la sujetion chrétienne ; il y avait de l'édilité gauloise et de l'urbanité monarchique : c'était un homme à part dans la civilisation moderne, et je vous assure bien qu'il y aurait en sa mémoire une inscription lapidaire et laudative sous le porche de l'Hôtel-de-Ville, si j'avais été la femme du Prévôt des Marchands, ou seulement d'un Échevin de Paris.

Cette importance de respect et d'affection, qu'il

avait dans l'opinion générale, était comme une sorte de rémunération publique à la gloire des honnêtes gens, et ce digne M. de Létang est un personnage dont je me rappellerai toujours l'existence avec un sentiment de vénération.

Il avait marié sa nièce avec un jeune Maître des Requêtes, appelé M. de Pastoret, qui était membre de l'Académie des inscriptions, et dont M. de Belloy, l'Évêque de Marseille, était l'ami d'enfance. Celui-ci nous disait toujours que cette famille était provenue d'un illustre personnage, appelé Jean Pastoret, qui fut un des Régens de France, sous Charles VI, et dont on voit la tombe à l'abbaye royale de Saint-Denis, honneur qui n'a jamais été partagé que par Bertrand du Guesclin, Tanneguy du Chastel et le grand Turenne. Il paraît que cette descendance n'était pas une prétention déplacée; car elle avait été reconnue par les commissaires aux États de Provence, où ceci n'avait pas manqué d'inspirer une juste considération pour la naissance de MM. de Pastoret. Ils ont des armes très singulières, et la première fois que j'en vis l'empreinte, en recevant une lettre de M. de Pastoret, lequel était devenu Procureur-Général de Paris, j'observai qu'elles étaient semblables à des armoiries que j'avais remarquées sur un pilier de l'église de Saint-Denis, et qui ressemblaient à une *églogue*. Je me souviens aussi que ce bon M. de Létang se trouvait émerveillé de ma science, et ne pouvait s'expliquer cette sorte d'érudition.

Malgré ma bonne intention de parvenir directement à Nicolas Bézuchet, vous voyez que je me laisse dérouter, et que je m'arrête à chaque pas de ma course. J'ai grand'peine à marcher vite et droit à présent. Laissez moi respirer jusqu'à demain matin, passé neuf heures, et je vous dirai comment j'entrepris de me débattre contre mon dénonciateur, avec l'assistance de ce digne M. de Létang, l'oncle de M. de Pastoret (1).

(1) Claude-Emmanuel-Joseph-Pierre, Marquis de Pastoret, Chancelier de France et Chevalier des Ordres du Roi, est né à Marseille, en 1756, d'une ancienne et très noble famille parisienne. Roger Pastoret, qui soutint, au Parlement de Paris, de concert avec Pierre de Cagnières, les franchises du royaume contre certaines prétentions étrangères ; un autre Jean, petit-fils de ce dernier, lequel, après voir contribué à remettre Paris sous l'obéissance de Charles V, devint l'un des membres du Conseil de Régence pendant la minorité de Charles VI, avaient donné à cette ancienne famille de magistrature une sorte d'éclat qu'elle perdit à l'époque des guerres d'Italie, lorsque ses membres s'arrêtèrent et se laissèrent oublier au fond d'une vallée de Provence. Le père de M. le Chancelier était Lieutenant particulier de l'Amirauté du Levant. Il avait, dès l'enfance, destiné son fils à la magistrature, et celui-ci fut reçu, à 24 ans, Conseiller du Roi en sa cour des aides de Paris. Il devint Maître des requêtes de l'hôtel du Roi en 1788, fut Procureur-Général syndic du département de Paris en 1789, lorsque les électeurs, réunis pour la première fois, eurent à choisir entre Mirabeau et lui, et devint député de Paris à l'Assemblée législative. Là, ses opinions, favorables un moment aux changemens qu'avait trop vivement demandés la magistrature, se modifièrent aussitôt qu'il vit la réforme devenir une révolution sans mesure et sans avenir. Il y résista de tout son pouvoir, soit à la tribune, ou dans les comités ; il essaya d'éclairer le Roi sur ses dangers, et, tout en refusant le ministère, auquel il avait été deux fois appelé, parce qu'il ne put obtenir du Roi la liberté d'agir avec la promptitude et la vigueur qu'il croyait indispensables au rétablissement de l'autorité royale, il se déclara constamment pour les principes de devoir et de fidélité sans les-

quels il n'y a point de société possible. Il avait cessé de paraître à l'Assemblée depuis l'attentat du 20 juin. La nouvelle du danger du Roi le détermina à y revenir le 10 août; mais pour y parvenir il fallait traverser (de l'hôtel bâti par M. de Létang sur la place Louis XV, jusqu'au château) une nuée d'hommes armés, de femmes furieuses, et d'assassins qui venaient d'égorger les Suisses de la garde et qui cherchaient des victimes nouvelles. Aucun domestique ne voulut accompagner M. de Pastoret. Sa jeune femme, nourrice d'un enfant au berceau, et aussi remarquable, alors, par sa beauté, qu'elle l'a été par son esprit et ses vertus charitables, Mme de Pastoret, disons-nous, vint s'attacher au bras de son mari et le conduisit jusqu'à la porte de l'Assemblée. Là, il monta vers la tribune du Logographe où l'on avait placé le Roi, et tandis que ceux qui s'y asseyaient habituellement avaient déserté cette place, lui s'approcha le plus près possible du Roi pour recevoir ses ordres et lui témoigner son dévouement ; mais tout était inutile alors. Le Roi passa de l'Assemblée au Temple, et de la tour du Temple à l'échafaud, et M. de Pastoret, obligé de fuir, ne reparut qu'à la chute de la Convention, alors que le département du Var le nomma député au conseil des Cinq-Cents. Il y devint l'un des chefs de ce qu'on appelait le *Parti de Clichy;* il y prit la plus grande part aux luttes, aux espérances et aux projets des royalistes, et fut condamné à la déportation par le décret du 18 fructidor, lorsque le Directoire, épouvanté de sa propre situation, ne crut pouvoir échapper au danger que par un coup d'état. Errant de nouveau hors de France, il n'eut la permission d'y rentrer qu'à l'époque du Consulat. Deux fois, , en six années, les Colléges Electoraux de Paris le désignèrent, alors, pour leur candidat au Sénat. Napoléon, qui ne l'aimait pas, le mit cependant sur une liste de présentation soumise au choix du Sénat, qui l'admit au nombre des sénateurs. Appelé par le Roi Louis XVIII aux honneurs de la pairie, il fut membre de la commission qui rédigea la charte de 1814, devint vice-président de la chambre en 1820, vice-chancelier en 1828, et Chancelier de France en 1829. Lorsque les événemens de juillet renversèrent le trône, avant même que la monarchie du 7 août ne fût improvisée, mais du moment où le Duc d'Orléans se fut proclamer lieutenant-général par la chambre des députés, au lieu d'accepter loyalement et simplement la mission que le Roi lui confiait, M. le Marquis de Pastoret alla lui déclarer, à lui-même, qu'il ne pouvait et ne voulait plus exercer les fonctions de Chancelier. Il ne pouvait se démettre de sa charge qui est inamovible, et nous pouvons assurer qu'il ne s'en démit point, quoi qu'en ait dit une ordonnance officielle ; il en abdiqua seulement les fonctions, et se retira dans sa famille avec la dignité de son caractère et de sa position. C'est en 1834, et lorsque les circonstances particulières ont engagé Madame, Duchesse de Berry, à quitter la tutelle de ses enfans, que M. le Chancelier de Pastoret a été déclaré Tuteur des Enfans de France.

(*Note de l'Éditeur*).

CHAPITRE XII.

M. de Talleyrand. — Opinion de l'auteur sur la conduite de cet ecclésiastique. — Les nuages et la devise grecque. — Un helléniste battu par un cocher. — Election du maire de Paris. — Le Duc d'Orléans et Marat sont Compétiteurs. — Vive Péthion ! — Une audience chez Roberspierre. — Une maxime de Philippe-Égalité. — Dénonciation dans le *père Duchesne*. — Équité de Roberspierre envers l'auteur. — Mot d'une Espagnole au nain de l'Empereur. — Maxime de Stratonice. — Audience chez M. Target. — Audience chez l'abbé Dillon. — Digression sur les ouvrages anonymes et sur les pseudonymes.

M. de Létang m'avait prescrit certaines démarches dont il espérait un résultat favorable au succès de ma défense, autant vaut dire à la justice de ma cause ; mais il me conseilla de faire une chose qui me parut si rigoureusement pénible et si mortifiante, que je n'eus pas le courage de m'y résoudre. Il me dit qu'on avait cru remarquer que l'évêque d'Autun n'était pas étranger à cette folle poursuite ; mais lorsque j'entendis parler d'aller faire la révérence à M. de Talleyrand, j'en devins réfractaire et crispée comme une rose de Jéricho. Je ne le saurais, lui dis-je, je ne saurais en conscience et sans me scandaliser moi-même, entrer dans aucune relation volontaire avec cet évêque apostat. Ma confiance aurait l'air de supposer une sorte d'estime, et je vous dirai que c'est à mon avis le plus corrompu, le plus pervers et le plus détestable des révolutionnaires.

Un Pontife qui descend de sa chaire pour aller conduire un parti furieux, pour guerroyer dans la politique afin d'intriguer dans l'agiotage; qui change sa mitre en bonnet rouge; qui a reçu mission pour prêcher aux hommes, au nom de Dieu, la soumission, l'ordre, la vérité, et qui vient, au nom de l'homme et de l'orgueil humain, semer l'erreur et soulever les peuples : un prêtre, un évêque qui ne sait plus obéir et qui veut commander, c'est une criminalité sans égale, et depuis Photius et Cranmer, on n'a rien vu de plus hideux ! N'avez-vous pas vu quelle impudence à déchirer son mandat, son obligation jurée, quand il est venu dire à la tribune, avec une pédanterie cynique et misérablement absurde: *Messieurs, délions-nous réciproquement des sermens que nous avons prêtés.* Cet impotent faisant l'omnipotent ! Ne dirait-on pas qu'il aurait eu le pouvoir de délier MM. Fretteau, Lameth et Chapelier, des sermens qu'ils avaient prêtés à la couronne, en qualité de conseiller, de colonel ou d'avocat ? Ne dirait-on pas que Barnave ou M. Camus auraient eu le pouvoir de délier M. de Talleyrand, l'évêque d'Autun, du serment qu'il avait fait à la sainte Eglise Romaine ; de la fidélité qu'il avait jurée à son Roi, et de l'engagement qu'il avait pris avec le clergé de l'Autunois dont il était député ?

« Plus les nœuds son sacrés, plus les crimes sont grands ! »

Cet abominable évêque est à mes yeux une calamité pour la patrie, un ulcère au cœur de l'Eglise ;

une plaie honteuse! je n'aurai jamais la lâcheté de m'adresser à lui, quoi qu'il arrive; j'en rougirais pour la noblesse de France et j'en aurais l'horreur de moi-même! Je ne lui dirai jamais une parole, à moins que ce ne soit quelque parole de mépris; et je crois véritablement que j'aimerais mieux monter à l'échafaud que d'entrer chez lui pour aller m'asseoir à côté de lui ?..... Je n'en aurais pas honte au moins ?.....

Enfin, mon enfant, j'ai bien voulu me présenter chez Roberspierre et je n'ai pas voulu aller chez M. de Talleyrand; vous comprendrez cela.

Lorsqu'il avait été convenu que j'irais chez Roberspierre, je n'en fis pas la moindre difficulté; il était loin d'être à l'apogée de son crédit conventionnel et de ses crimes; il avait plutôt l'air d'un pédant que d'un tyran, et d'ailleurs on n'avait à lui reprocher ni d'avoir avili la dignité d'un gentilhomme, ni d'avoir souillé son caractère épiscopal. Écoutez donc ma visite à Roberspierre, lequel était logé modestement rue Saint-Honoré, dans la maison d'un menuisier, et précisément en face de la rue St.-Florentin (1).

J'étais partie de chez moi à huit heures précises, et j'étais montée dans une voiture de mon fils dont les armes avaient été recouvertes par *un nuage* accompagné d'une légende grecque dont je ne me rap-

---

(1) Cette maison a été démolie, en 1803, pour ouvrir une rue qui porte le nom de ce général Duphot dont on avait célébré les funérailles au corps législatif. *Voyez* au chap. précédent.

pelle pas les paroles, mais qui signifiait *un coup de vent suffira* (1).

Je fus arrêtée par un embarras de charrettes au guichet du Carrousel (et si vous me demandiez pourquoi mon cocher Cauchois ne m'avait pas menée par le pont Louis XVI et la place Louis XV, je vous dirais que je n'en sais rien).

— Langevin ! dis-je à René Dupont qui me suivait et que je fis venir à la portière, il faut prendre garde à tout ce vilain monde, et qu'on ne me presse pas d'avancer. Qu'est-ce qu'il avait à crier, cet homme en carmagnole, et qu'est-ce qu'il a dit à Cauchois ?

— Ma marraine, il a dit....... il a dit....... mais je n'oserais pas dire à Madame......

— Mais si c'est qu'il a dit des sottises, ou qu'il a blasphémé, tu fais bien de ne m'en répéter rien, comme de juste.......

— Oh ! non, ma marraine, il n'a pas fait des juremens du tout, malgré que c'est un prêtre jureur, et quoiqu'il était dans le temps à la paroisse de Madame, à St-Sulpice. Est-ce que ma marraine ne le reconnaît pas ? c'est le citoyen Daunou, le vicaire de l'évêque intrus.....

— Et qu'est-ce qu'il a dit, finalement ?

— Ma marraine, il a dit, en nous montrant ses

---

(1) Μένη πνοὴ ἀρκέσει. Les nobles avaient généralement adopté le corps et l'âme de cet emblême qu'on voyait figuré sur presque tous les carrosses, à la place des armoiries. C'était pour les royalistes un moyen de se reconnaître, et la populace ne pouvait rien comprendre à cette devise. C'était la seule mode aristocratique du temps. *(Note de l'Éditeur.)*

poings, sauf le respect de Madame, il a dit à maître Cauchois : — *Tu peux dire à ta maîtresse que son nuage est bien cloué !* et c'est d'où vient qu'il a reçu du cocher de Madame un fameux coup de fouet à tour de bras, et qu'il a dit : — *Pourquoi que tu me frappes, est-ceque je t'accroche ?* — Et pourquoi que tu me tutoyes, a dit le cocher de Madame, est-ce que nous avons retourné le même fumier chez les intrus ?

— Mais c'est très mal à Cauchois de battre un prêtre, et même un prêtre constitutionnel : il est en cas réservé ! Et vous dites que c'était l'abbé Daunou ?.. — C'est bon... — Langevin, n'allez pas oublier d'avertir Cauchois qu'il se trouve en cas réservé : c'est à vous que je le mets sur la conscience........

Je me rencontrai dans la rue St-Nicaise avec une horrible foule de gens qui portaient un gros buste en plâtre, et qui criaient : Vive Péthion ! Je ne savais à quel propos ; mais j'appris dans la journée qu'à la section de la grand'poste, le Duc d'Orléans et Marat s'étaient présentés pour être élus maires de Paris, et que chacun n'avait obtenu qu'une seule voix. On avait nommé le citoyen Péthion de Villeneuve, et les électeurs avaient dit en s'en allant, qu'ils auraient été trop embarrassés d'avoir à choisir entre Marat et d'Orléans (1).

On avait rendu compte à cette assemblée d'un jugement du Châtelet qui venait d'innocenter le Baron de Besenval, et le Duc d'Orléans s'était écrié :

---

(1) *Voyez* les lettres de M. Suleau dans les *Actes des Apôtres* et l'*Ami du Roi*.

Voilà encore une impunité scandaleuse qui fait l'éloge de la lanterne ! Il est certain que Marat n'aurait pas mieux dit.

Il y avait encore à la hauteur de St-Roch, entre la petite porte de l'hôtel de Breteuil et le portail du Manége, un groupe de forcenés qui criaient : — Vive la nation ! — Du pain ! — De l'ouvrage ! — A bas les nobles ! — A la lanterne ! A la lanterne ! Et c'était, disaient-ils, une députation des soixante-quinze mille ouvriers de Paris qui manquaient d'ouvrage et de pain. Toute la rue St-Honoré s'en trouvait tellement encombrée qu'on n'y pouvait aller qu'au pas. Enfin j'arrive, et l'on m'introduit dans une chambre du rez-de-chaussée, où je trouvai M. Roberspierre achevant sa toilette.

Il était déjà poudré sur un crêpé des plus raides, il était dans une robe de chambre en toile de Perse et doublée de taffetas bleu ; il avait des bas de soie chinés rose et blanc ; des boucles de souliers d'or ou dorées, avec des pointes de strass ; enfin dans le milieu de la chambre, il y avait une jeune fille, assez jolie, qui tenait la cravate de ce législateur, morceau d'organdie fort empesé, très ample, et brodée en soie des trois couleurs. Elle alla déposer cette belle cravate sur une table, aussitôt qu'elle me vit entrer, mais elle alla chercher deux autres affiquets pour les présenter à son maître, et c'était deux montres d'or, ajustées avec des chaînes d'une longueur démesurée (1). Ce prévoyant et soupçonneux

---

(1) M. Suleau avait découvert dans un Almanach des Grâces,

patriote s'était retourné pour mettre ses montres dans ses goussets, avant d'avoir eu le temps de jeter les yeux sur moi ; ensuite il prit sa bourse qui se trouvait à sa portée sur le coin de la cheminée, et ce fut pour la mettre dans une poche de sa culotte, à ce qu'il me parut à son mouvement, car il avait encore le dos tourné. Je ne comprenais rien à cette mesure de précaution, parce que je n'avais pas encore entendu citer cette belle parole de Philippe-Égalité, au sujet d'un vol qu'on avait fait à Mirabeau pendant sa maladie. — Mais il n'a que ce qu'il mérite ! Comment peut-on laisser ses montres ou sa bourse sur sa cheminée ?

Roberspierre se retourne et me regarde avec un air étonné : — J'avais entendu Monsieur de Créquy....

— Mon fils n'est pas assez bien portant pour avoir pu sortir aujourd'hui. Il est souffrant de la poitrine, il est obligé de coucher dans une étable, il ne saurait absolument..............

et publié dans les *Actes des Apôtres*, un madrigal de M. Roberspierre, qui, disait-il, avait fait *le désespoir de la vieillesse de Voltaire !*

« Crois moi, jeune et belle Ophélie ;
« Quoi qu'en dise le monde et malgré ton miroir,
« Contente d'être belle et de n'en rien savoir,
   « Garde toujours ta modestie.
   « Sur le pouvoir de tes appas,
   « Demeure toujours alarmée ;
   « Tu n'en seras que plus aimée,
   « Si tu crains de ne l'être pas.

— Mais j'ai vu, me dit-il, avec une mine de furet qui ferait la petite bouche, j'ai vu M. de Créquy dimanche, avant-hier, et je dois penser que celui-là n'est pas M. votre fils?

— Vous êtes jurisconsulte, Monsieur, lui dis-je en allant au fait, et vous êtes député de l'Artois, province de mon fils. Vous allez avoir à décider sur une poursuite dont il est inutile de vous signaler l'extravagance ; et partant de là, j'épluchai devant lui toutes les impostures et les folies de ce Nicolas Bézuchet, qui n'étaient pas difficiles à démontrer, ne fût-ce que par les dates?

Il m'écouta fort attentivement, mais d'un air très sec, et comme il entreprit de m'interroger sur les dispositions patriotiques de mon fils et sur mon civisme......

— Monsieur, lui dis je en l'interrompant, je suis trop vieille pour me tenir longtemps sur mes jambes et pour jouer la comédie ; souffrez que je m'asseye, et n'exigez pas que je vous parle de la révolution.

— Je vous supplie de me pardonner ! s'écria-t-il en se précipitant pour m'avancer une bergère. Excusez ma distraction, je vous en supplie très humblement. Ce ne sera jamais, ajouta-t-il, avec un ton formaliste et pénétré, ce ne sera jamais de ma part, de la part de Roberspierre, député de l'ancien Artois, que Madame de Créquy pourra se plaindre d'un manque d'égards !

Je fus aussi contente de lui qu'il était possible. Il me dit que ce pétitionnaire qu'il ne savait comment appeler, était un fourbe, un faussaire, un maladroit, un spéculateur *imbécile*, et que, d'après les informations qu'il s'était fait donner officiellemet (lui Roberspierre), au sujet des terres et domaines de l'ancienne duché-pairie de Créquy, il était convaincu que tout le reste de la pétition ne méritait pas plus de confiance et d'attention que cet article de la duché. — Je ne manquerai pas d'en parler dans nos comités et dans les mêmes termes, poursuivit-il avec un ton ferme et sévère; j'en parlerai, s'il le faut, à la tribune, et je ne prévois pc que vous ayez la moindre chose à redouter de la part du corps législatif. Je ne vous répondrais pas également des tribunaux, poursuivit-il d'un ton méprisant, car le propre des juges est de faire métier de l'injustice; ensuite ils manquent presque tous et presque toujours de courage et de lumières, et peut-être serait-il bon que je parlasse de votre affaire à la tribune, afin de leur ouvrir l'esprit, et pour qu'ils n'aillent pas supposer que la majorité de l'Assemblée s'intéresse à votre adversaire. Il a trouvé moyen de se faire des partisans parmi nos collègues, et je vous exhorte à les aller voir, afin de leur expliquer votre affaire aussi bien que vous venez de me le faire.

Nous en étions là quand la jeune fille entra pour lui remettre un billet de la part de *Monsieur de Créquy*, dont celui-ci faisait demander la réponse. Roberspierre se mit à lire cette lettre de Bezuchet, en faisant un sourire affreux. — Tu diras que je n'avais pas le temps, répondit-il en reprenant un air de simplicité parfaite.

Je le remerciai comme vous pouvez croire, et bien

que je m'y prisse en termes des plus mesurés, je vous assure que c'était du fond de mon âme. Il me donna la main jusqu'à mon carrosse, et ne voulut pas rentrer avant que je ne me fusse mise en route. La jeune fille en était confondue; le menuisier, son père, en avait quitté son établi du fond de la cour, afin de regarder une curiosité pareille, et je ne doute pas qu'ils ne m'aient prise, au moins, pour la Tante-Goupil, ou pour la Mère-Duchêne.

A propos de ceci, je vous dirai que j'avais été dénoncée dans *le Père-Duchêne*, lequel était un patriotique et sale journal, où l'on aurait trouvé plus de juremens civiques sur une seule page, que n'en avaient prêté jusque-là tous les prêtres constitutionnels de France et de Belgique, y compris les pères de l'Oratoire.

Mon fils ne comprenait pas du tout que je pusse m'inquiéter de Nicolas Bezuchet, et d'abord, il avait commencé par ne pas approuver que j'allasse m'ingénier pour nous prémunir contre ses mensonges. « *De ton exiguité, sécurité :* » Voilà ce que disait une duègne espagnole au nain de Charles-Quint, qui l'avait menacée de lui donner des *palmadas* e' des *puntapiès*.

— Puisque vous mettez le seizième siècle à contribution je vous répondrai par une sentence de la Reine Isabelle : « O mon fils, si vous croyez qu'un
« misérable et faible ennemi ne puisse pas nuire ;
« c'est comme si vous supposiez qu'une étincelle ne
« saurait produire un incendie.. »

M. Target se trouvait encore une fois dans les honneurs de la présidence, et j'avais eu grand'peine à me décider pour aller faire une visite à M. Target, à qui je ne trouvai rien à dire. Il avait attaché sur moi son petit œil bleu céleste, et m'avait dit en souriant malicieusement comme un niais de Sologne : — Vous êtes connue de M'ame Tessé qui est parente avec la femme du général Lafayette? — Oui, Monsieur, lui dis-je, en souriant tout de même, elle est ma nièce à la mode du Finistère et du Morbihan. J'en restai là ; mais il alla dire ensuite à M. de Tessé que j'avais l'air d'être une bonne femme, et de ne pas manquer d'esprit.

Ce qui m'a coûté le plus sensiblement dans toutes ces démarches, c'est d'avoir été parler de notre affaire à l'Abbé Dillon que j'avais rencontré jadis à l'hôtel de Noailles, et que je n'avais pas revu depuis qu'il s'était enrôlé sous la bannière de la révolution. Il avait passé jusque-là pour un homme infiniment scrupuleux ; mais sa conduite a suffisamment prouvé que sa conscience et sa véracité n'étaient que du pointillage. Je me souviens qu'il n'avait pas voulu lire le testament politique du Cardinal de Richelieu, parce qu'il en avait suspecté l'ingénuité littérale ; — mais, lui répondait le Maréchal de Noailles, on ne saurait dire que le Duc de Sully soit l'auteur de ses *établissemens;* je vous assure que le Chevalier de Gramont n'a pas écrit une seule ligne de ses *Mémoires*, mais je ne les en trouve pas moins instructifs et divertissans, car ils ont été rédigés de son temps, de parfaite conscience, et précisément dans sa manière de penser, d'écrire et de parler.

Je vous dirai surabondamment, à propos des

anonymes et des pseudonymes, qu'Annius de Viterbe était soupçonné d'avoir contrefait ou simulé douze ou quinze écrivains célèbres, et par exemple, Bérose, Archiloque, Manéthon, Mégastènes, Fabius Pictor, et qui plus est les *Origines* de Platon. Il paraît qu'il se divertisait à composer en même temps les textes de ces auteurs et leurs commentaires. Muret, le docte et célèbre Muret, ne se faisait aucun scrupule de tromper les savans, ses contemporains, en composant et publiant des fragmens qu'il aurait extraits d'anciens auteurs; et du reste, la fameuse bibliothèque d'Alexandrie était remplie d'ouvrages supposés. Aristote n'avait composé que quatre *Analytiques*, on en comptait dans cette bibliothèque environ quarante, en outre de ceux qui n'ont rien d'apocryphe et qui avaient été primitivement connus. L'émulation des rois d'Égypte et de Pergame, pour la composition de leurs bibliothèques, avait donné lieu à la supposition d'un grand nombre de livres; ainsi, vous voyez que la pseudonymie n'est pas chose nouvelle.

CHAPITRE XIII.

Pompe funèbre de Voltaire. — Translation de ses restes au Panthéon. — Station du cortége à la porte de M. de Villette. — Pillage de l'hôtel de Castries. — Observation de l'auteur sur le désintéressement des *patriotes*. — Le Prince de Lambesc et le Duc d'Orléans. — Frayeur de ce dernier. — Louis Suleau. — Sa famille et ses écrits. — Ses poursuites contre le Duc d'Aiguillon. — Singulier effet de ces poursuites. — Lettre d'avis qu'il reçoit et sa réponse. — Ses négociations avec Mirabeau. — Pétitions des ouvriers, à la section de la *Croix-Rouge*. — Collecte en leur faveur et gratitude de ces braves gens.— Inhumations révolutionnaires.— Les carrières de Montmartre. — Le marquis d'Antonelle et Mme de B — Dénonciation de certains pâtissiers aristocrates. — Arrêté de la commune de Paris contre des gâteaux liberticides.

En concurrence avec la députation du *genre humain*, rien ne fut aussi ridiculement imaginé ni plus risiblement exécuté, que la translation du corps de Voltaire à l'église neuve de Sainte-Geneviève, à qui l'Assemblée nationale avait appliqué le nom de Panthéon-français. Comme il était question d'afficher le triomphe de l'incrédulité philosophique sur le christianisme, le peintre David avait été chargé d'imprimer à cette pompe funèbre un caractère de cérémonie payenne; mais il y mit une telle afféterie d'hellénisme et de romanité qu'elle en devint une sorte de parade infiniment burlesque. On avait habillé des filles de Paris en vestales et des forts de la Halle en pleureurs d'Homère ; le cercueil était traîné sur un quadrige et surmonté par une effigie qui représentait M. de Voltaire, en cire de couleur, habillé comme aux temps héroïques, et couché sur une draperie de taffetas bleu, galonnée d'argent. Il était escorté par un assez bon nombre de Grecs, de Romains, de Gaulois, de Mexicains (compatriotes de la tendre Alzire) et de garçons bouchers qu'on avait coiffés en Orosmanes. Le cortège, qui venait du faubourg Saint-Denis, ne manqua pas de se diriger sur le Panthéon par le quai Voltaire (ci-devant des Théatins), afin de pouvoir s'arrêter devant la maison de M. de Villette, d'où sortit Belle-et-Bonne qui tenait une espèce d'enfant dans ses bras. Elle était costumée le plus singulièrement possible, en manière de fantôme, avec une grande chemise de toile toute blanche et ses cheveux épars. Elle se fit guinder avec son enfant sur le pinacle du quadrige, ce qui fut une opération difficile ; ensuite elle se mit à frotter ce quelque chose comme qui dirait un marmot, contre le cercueil, et dans tous les sens avec une vivacité si brusque, qu'il en fit des cris les plus aigus. Personne ne pouvait s'expliquer ni ce rite funèbre, ni l'intention de ce procédé, ni ce que Belle-et-Bonne attendait de ces rotations électriques? Peut-être en espérait-elle une sorte d'émanation philosophique, et dans tous les cas son enfant n'en cria pas moins aigrement !

Il était survenu, pendant la marche du cortége un affreux déluge de pluie; aussi, nous demandions-nous M. de Penthièvre et moi, en revenant de l'hôtel de Fleury (rue Notre-Dame-des-Champs) ce que pouvaient être ces Grecs et ces Romains, qui pataugeaient dans les ruisseaux, et qui s'épuisaient en malédictions contre Voltaire.

Il y eut une vingtaine de ces comparses, qui demandèrent à se réfugier à l'hôtel de Monaco, rue de Varennes, et les Suisses du Prince en reconnurent deux, pour avoir été les plus ardens fauteurs du pillage de l'hôtel de Castries.

Je ne sais si je vous ai déjà dit qu'on avait envoyé dévaster cette maison par la populace, à l'effet de marquer une grande sympathie nationale pour M. de Lameth, avec qui M. de Castries s'était battu le plus honorablement possible. On a toujours la prétention de nous persuader que les bandits révolutionnaires ne *pillent* jamais, et qu'ils ne font que *détruire* : c'est un mensonge qui m'est insupportable, et je vous assure que j'ai vu, sur un bas-côté du boulevard des Invalides, une espèce de foire, où ces agens patriotiques avaient étalé et où ils vendaient à deniers comptans tout le mobilier de l'hôtel de Castries. Il n'était resté dans toute la maison que le portrait du Roi, auquel on n'avait osé toucher, ce qui fut un acte de superstition dont MM. Brissot et Condorcet se moquèrent beaucoup.

C'était ce jour-là qu'avait eu lieu cette belle scène entre le Prince de Lamsbec et le Duc d'Orléans, dans le cabinet de cet indigne archevêque de Sens (Loménie). M. de Lamsbec leur avait dit : — Après vous avoir entendu parler comme vous venez de le faire, j'aurai l'honneur de vous dire à vous, Monsieur, que si vous n'étiez pas un prêtre, et à vous,

Monseigneur, que si vous n'étiez pas un lâche, je vous donnerais à tous les deux je ne sais combien de soufflets sur la figure, avec des coups de pied, sans nombre, où vous savez bien!

On fut obligé de faire avaler à ce d'Orléans, qui tremblait de tous ses membres, un verre d'eau à la glace, afin de calmer la frayeur qu'il avait eue de M. de Lambesc.

Si ce prince lorrain n'avait pas pris le parti d'émigrer huit jours après, Philippe-Égalité n'aurait certainement pas manqué de lui procurer la même destinée qu'au malheureux Suleau, et Mme de Brionne en avait été si bien prévenue qu'elle était allée solliciter un ordre du Roi pour que son fils se crût obligé de quitter la France.

Louis-Antoine Suleau, avocat au grand-conseil du Roi Louis XVI, avait été nommé Sénéchal de la Guadeloupe et Secrétaire des commandemens de la Reine en 1790. Il était le frère puîné d'un ami de votre mère appelé Dom Charles Suleau, lequel était Prieur de Notre-Dame d'Oncy en Gâtinais. Ils étaient sortis d'une opulente et fort honorable famille qui se tenait à Granvilliers dans le Clermontois, où le Marquis du Muy, votre grand-père, avait eu long-temps son régiment en garnison. Le jeune Suleau s'était fait remarquer par un grand nombre d'écrits nerveux et lucides; il s'attachait particulièrement à démasquer et combattre la personne et la faction du Duc d'Orléans, qui ne le lui pardonnait certainement pas, mais dont il obtenait continuellement des explications, des désaveux et des déclarations d'une lâcheté sans pareille. MM. de

Rivarol, Suleau, Bergasse et de Foucauld-l'Ardimalie, étaient sans contredit les écrivains les plus remarquables de notre parti ; car si Mallet-du-Pan faisait et disait de bonnes choses, c'était à la manière de M. de Barentin ; c'est-à-dire que la mauvaise façon gâtait la meilleure étoffe, et que cette bonne étoffe mal employée ne pouvait servir à rien.

Je me souviendrai toujours de ce bon coup de Jarnac à M. le Duc d'Aiguillon qui venait de faire un discours contre la *Monocratie*, et que M. Suleau se mit à poursuivre en justice, à l'effet de le faire déposséder, au profit des Richelieu, de toutes ses terres de l'Agénois et du Condomois, qui lui venaient du Cardinal de Richelieu, leur grand-oncle; et ceci, en exécution du testament de ce Cardinal, dont voici la clause applicable à cette poursuite de M. Suleau.

« J'ordonne et commande absolument au dict mon
« nepveu, Armand de Wignerot, comme à tous
« ceux qui seront appelés à jouir après luy de ladicte
« Duché Pairie d'Aiguillon, et autres biens que je
« leur ai cy-dessus donnés et substitués, qu'ils
« ayent à ne se départir jamais de l'obéissance qu'ils
« doivent au Roy comme à ses successeurs, quel-
« ques prétextes de mécontentement qu'ils puissent
« en prendre, et desclare en ma conscience, que si
« je pouvais subposer et prévoyr *qu'aucun d'entre*
« *eux à tout jamais*, puisse se laisser choyr en telle
« faulte, *je ne luy veulx laisser aulcune part dans ma*
« *succession*. (Lequel testament a été passé, souscript
« et scellé, en l'hostel de la Vicomté de Narbonne,

« le 25 mars de l'an 1642, reçu par maistre Pierre
« Falconis, notaire royal en icelle ville de Nar-
« bonne.) »

Vous pensez bien que M. Suleau n'avait pas eu d'autre intention que celle de confondre cet orléaniste, en faisant éclater sa noirceur et son ingratitude ; mais il se trouva des régisseurs et des fermiers de M. d'Aiguillon qui prirent les choses à la lettre et qui se refusèrent opiniâtrement à le payer. — C'est infiniment juste, disait M. le Duc de Penthièvre (il y prenait un plaisir extrême), et ce sera toujours autant de moins dans la tirelire de la révolution.

Il est à remarquer que Suleau avait reçu et publié, le 12 avril 1790, une lettre d'avis qu'il avait reçue par la poste et timbrée du Raincy ; lettre à laquelle il avait fait la réponse suivante.

Lettre adressée à M. Suleau.

« Monsieur,

« J'ai l'honneur d'être garde national et très
« ennemi, je vous l'assure, des aristocrates, mais
« je le suis infiniment plus encore des lâches ; et c'est
« pourquoi je vous dénonce un complot formé con-
« tre vous ; complot qui pourra se nommer un as-
« sassinat, s'il s'exécute. Vous avez des ennemis qui
« doivent profiter de la première occasion favorable
« à leur dessein. J'ignore le choix des armes et du

« lieu, mais tenez-vous sur la défensive. Je ne vous
« aurais pas écrit si l'honneur eût été *la compagne* de
« l'entreprise ; mais mon cœur se révolte contre la
« lâcheté d'un guet-à-pens et d'une trahison. Met-
« tez à profit, s'il vous est possible, cet avis ; c'est
« tout ce que désire un individu qui voudrait au
« prix de sa vie que le parti politique qu'il a juré
« de servir ne fût pas taché de sang et souillé d'op-
« probre. »

*Réponse de M. Suleau dans un supplément à l'*Ami
du Roi, *le* 13 *avril* 1790.

« Monsieur le garde national, je crois me con-
« naitre en procédés, et le vôtre me parait des plus
« honorables. Je profiterai de vos avis, mais sans
« partager vos terreurs : il y a loin du poignard
« d'un scélérat au cœur d'un homme de bien. Je
« reçois à chaque instant des lettres de menaces ;
« mais je connais les gens qui me les font écrire,
« et je ne les crois pas capables d'un crime aussi
« hardi. Après tout, c'est le sang des martyrs qui
« fait les prosélytes.

« Vous avez acquis, généreux inconnu, toute
« mon estime, et j'ose croire qu'il est permis d'y at-
« tacher quelque prix. »

Il est assez connu que Mirabeau avait été long-
temps à la solde du Duc d'Orléans ; mais les finances du Palais-Royal étaient tout-à-fait épuisées, et
comme on ne pouvait hypothéquer des biens d'apa

nage, la chancellerie d'Orléans ne pouvait plus trouver aucun moyen d'emprunter. C'était en vain que MM. de Syllery, Fretteau, Laborde, Hérault de Séchelles et Pelletier de Saint-Fargeau avaient entrepris d'alimenter le dragon de l'abîme ; il avait déjà dévoré la meilleure partie de leurs fortunes; et quand ils avaient vu que sa gueule était toujours grande ouverte, ils en avaient reculé de surprise et d'effroi. Toujours est-il que Louis-Philippe d'Orléans avait fini par mettre sa vaisselle en gage, et qu'il n'avait pu trouver dans tout Paris un seul usurier qui voulût échanger dix mille écus contre la signature de son chancelier.

On avait appris que M. de Mirabeau parlait de ces pauvres orléanistes en mauvais termes. On savait qu'il avait eu plusieurs conférences avec M. Suleau, et comme on le faisait épier (du Palais-Royal), on apprit qu'il était sorti le 4 août, à 2 heures du matin, de chez M. Suleau qui logeait place Vendôme. La nuit suivante il était allé chez Mme de Sainte-Amaranthe, où il avait perdu deux mille louis au creps, avec une apparence de sécurité qui ne manqua pas d'étonner toutes les personnes qui ne connaissaient de lui que son manque de fortune........

Le 10 août 1792, c'est-à-dire vingt-sept mois après la lettre d'avis qu'il avait reçue du Raincy, M. Suleau sortait de l'appartement de la Reine et fut massacré dans le passage des Feuillans, tout auprès de la grille des Tuileries..... Ma plume se refuse à vous tracer les horribles détails de cet assassinat dont il avait été si bien prévenu par cet homme du Raincy qui s'était dit garde national. Un écrivain révolutionnaire a fait imprimer que lorsque les parens de M. Suleau envoyèrent chercher son corps le surlendemain, 12 août, il fut impossible de le reconnaître, parce que la terrasse était *jonchée de cadavres mutilés, égorgés, éventrés, tous couverts de mouches qui suçaient le sang figé de leurs larges blessures et qui remplissaient les cavités de leurs yeux.* On a su qu'avant de tomber sous les coups de poignard, il avait harangué le peuple, mais son courage et son éloquence ne purent le sauver ; il y avait quatre à cinq mois qu'il venait d'épouser une jeune femme charmante dont il était idolâtre, et qu'il avait eu la triste prévision de conduire auprès de son frère Dom Charles, au prieuré d'Oncy, quelques jours avant le 10 août (1).

Le Duc d'Orléans et le Duc d'Aiguillon n'étaient pas les seuls révolutionnaires de Paris qui fussent à bout de leurs finances, et tous ces malheureux ouvriers qu'ils avaient débauchés de leurs ateliers en étaient réduits à mourir de faim. D'après un recensement exact des pauvres, il s'en trouvait cent soixante-six mille à la charge des paroisses, et c'était plus d'un quart de la population de Paris. Il arriva qu'un jour, environ deux cents ouvriers se présen-

---

(1) Adélaïde-Victoire Hall, aujourd'hui Marquise de la Grange et mère du Vicomte Elysée de Suleau, Conseiller d'État du Roi Charles X, et Directeur-Général des Domaines au moment de la révolution de juillet. On n'a pas besoin d'ajouter que sous tous les rapports du dévouement, de la loyauté, du courage, et de la supériorité d'esprit, d'intelligence et de talent, M. Élysée de Suleau s'est toujours montré le digne héritier de son généreux père. (*Note de l'Éditeur.*)

tèrent à notre section de la Croix-Rouge, en disant à M. Pierron, secrétaire de notre juge-de-paix : — Nous voici deux cents honnêtes gens qui n'avons plus rien à mettre en gage ; nous ne voulons ni voler, ni nous mêler dans les émeutes, nous mourons de faim, donnez-nous du pain ou tuez-nous !...

Cet excellent M. Pierron leur dit en larmoyant qu'on allait faire une collecte pour eux et qu'il leur conseillait d'avoir confiance en Dieu.

Il envoya chez Mme de Sully, rue St-Guillaume ; elle donna deux mille écus en louis d'or ; on passa chez M. d'Havrincourt, rue St-Dominique ; on courut à l'hôtel de Bérulle ; on fit parler à M. d'Allemans qui criait de la goutte et qui n'en donna pas moins 50 louis ; on était venu chez moi, comme de juste, et sans être sorti d'un rayon de quatre à cinq cents pas autour de la Croix-Rouge, on avait rassemblé, en moins d'un quart d'heure, environ quatorze mille francs qui furent distribués à ces pauvres gens qui nous comblèrent de bénédictions. Dupont que j'avais chargé de porter mon offrande, les avait entendus parler d'aller à St-Sulpice ; il eut la curiosité de les suivre jusqu'à l'église où ils se mirent à chanter un cantique en action de grâces ; et ce que vous auriez peine à croire aujourd'hui, c'est qu'avant que la révolution ne s'en fût mêlée, il y avait dans Paris deux espèces de peuple, le bon qui travaillait, et le fainéant qui ne valait rien.

Mme de Crussol m'avait fait demander la grâce de venir mourir chez moi, rue de Grenelle, et c'était pour un motif étrange. Elle habitait la rue St-Lazare, au quartier d'Antin, et tous ceux qui mouraient de ce côté-là devaient être conduits au cimetière de la section de Montmartre, où, sans parler de ce qu'on y recouvrait inévitablement votre cercueil avec un drap tricolore, on avait la certitude d'être précipité dans une carrière où les bierres et les corps humains étaient réduits en charpie longtemps avant d'arriver au fond de cet abîme ; enfin les débris chrétiens s'y trouvaient entassés pêle-mêle avec des immondices et des restes d'animaux que la voirie municipale y faisait jeter journellement, et cette pauvre femme en était si troublée qu'elle en perdait la faculté de la prière et n'en pouvait avoir une minute de repos. Je l'ai fait inhumer au cimetière de Vaugirard avec autant de bienséance qu'il a été possible.

Un des faits les plus surprenans de cette odieuse époque, ce fut cette abominable condescendance et cette lâcheté philosophique de Mme de B........ pour sa belle-fille qui n'avait jamais pu souffrir son mari, et qui s'était enthousiasmée pour l'éloquence et l'ardent patriotisme, disait-elle, d'un mauvais sujet, nommé Dantonelle et soi-disant Marquis. Ce démocrate était, du reste, un beau garçon de vingt-huit à trente ans et dont la taille allait à cinq pieds sept à huit pouces. Cette indigne belle-mère lui écrivit un jour au nom d'une intéressante jeune femme, belle et sensible personne à laquelle il avait inspiré les sentimens d'un amour invincible, et qui méritait toute sorte d'égards..... Il y répondit apparemment comme on l'avait espéré, car elle conduisit sa belle-fille à ce Dantonelle, et de cet acte d'opprobre il est résulté, par une juste punition du ciel, un monstre d'enfant qui s'annonce comme devant être un individu prodigieux dans la crapule et pour la méchanceté (1).

Je ne saurais mieux terminer pour aujourd'hui la tâche que je m'impose journellement en fait d'écritures, qu'en vous mentionnant une délibération de la municipalité de Paris, qui fut affichée jusque sur ma porte cochère.

Extrait des registres de la commune de Paris.

« Le citoyen Maire et Président du conseil, Nicolas Chambon, informe le dit conseil de la section de la commune, que le comité révolutionnaire de la maison commune, vient de lui dénoncer qu'il y a des pâtissiers qui se permettent de fabriquer et de vendre encore des gâteaux des rois. Il invite la police à faire son devoir. Il s'élève à ce sujet une discussion sur les moyens à prendre pour autoriser légalement les comités révolutionnaires à faire arrêter les vendeurs et acheteurs de ces gâteaux. L'orateur du comité donne lecture d'un arrêt dont voici l'extrait : «Sur une dénonciation à nous faite que

---

(1) Il a tenu parole. Après avoir été prodigieusement gâté par sa mère et son aïeule, il s'est mis à les attaquer et les poursuivre en justice aussitôt qu'il a été majeur. Il a publié le Mémoire le plus injurieux contre sa mère, et le reste de la prédiction dont il s'agit n'a pas manqué de s'accomplir, ainsi qu'on l'a vu dans les gazettes judiciaires à plusieurs reprises. Cette étrange révélation de l'auteur avait été pleinement confirmée par une déclaration que la belle-mère de Mme de B......... avait cru devoir faire à l'article de sa mort, en 1790. (*Note de l'Éditeur.*)

« l'on chomerait encore la fête des rois, et que l'on
« vendait des gâteaux à la fève, des commissaires
« se sont assurés du fait (il montre des gâteaux ; on
« applaudit). Considérant que les pâtissiers qui font
« des gâteaux à la fève, ne sauraient avoir que des
« intentions liberticides ; considérant que même plu-
« sieurs particuliers en ont commandé, sans doute
« dans l'intention de conserver l'usage superstitieux
« de la fête des ci-devant rois, le comité a arrêté que
« le conseil général sera invité à envoyer à l'instant
« même une circulaire à tous les comités révolu-
» tionnaires, pour les engager à employer toute
» leur surveillance pendant cette nuit et les sui-
« vantes pour découvrir et surprendre les pâtissiers
« délinquans et les orgies dans lesquelles on oserait
« fêter les ombres des tyrans. »

L'assemblée arrête que les membres du conseil se transporteront immédiatement dans les comités de leur section, afin de les inviter à faire les visites convenues chez les pâtissiers, ainsi qu'à saisir et confisquer tous les gâteaux des rois qu'ils pourront trouver.

Délibéré en conseil de la commune de Paris, le 4 nivôse an IIIme de la liberté.

Signés Chambon., Maire.
    Anaxagoras Chaumet, P^{eur} de la Comm.
    Hébert, Substitut du P^{eur} de la C^{ne}.
    Claude Lebois, d°.
    Jacques Roux, officier municipal.
    Pour copie conforme.
                    C. Colombeau, greffier.

CHAPITRE XIV.

Une femme célèbre. — Anciens rapports de sa famille avec celle de l'auteur. — Son portrait pendant sa jeunesse et pendant la révolution. — Excursion dans les temps révolutionnaires. M. Roland sollicitant la noblesse, et M. Roland ministre de la république. — Nicolas Bézuchet. — Le citoyen Bourbon-Montmorency-Créquy. — Une audience du ministre Roland. Procès étrange.

En rétrogradant d'un tiers de siècle, je vous dirai que le Commandeur ou Bailly de Froulay, mon oncle, avait eu jadis un cuisinier très distingué, lequel était devenu fort à son aise, attendu qu'il était voleur. Ce n'est pas ceci qui lui avait mérité beaucoup de distinction, mais c'est qu'il avait inventé des gourmandises admirables, et notamment les *pattes d'oie bottées, à l'intendante*, (sautées à la graisse de cailles, et bien frites après avoir été panées). Mon oncle conseillait toujours d'y faire ajouter le jus d'une orange amère; mais son chef de cuisine s'en indignait et s'en désespérait, parce qu'il en résulte, disait-il, un inconvénient inévitable, en ce que le contact d'un acide a pour effet naturel d'amollir ces sortes de préparations gastronomiques, et parce que l'apparence de la friture en souffre toujours. Vous pourrez choisir entre la prescription du Commandeur et la proscription du Cuisinier.

C'est à celui-ci qu'on doit rapporter l'invention des saumons *à la Régence* et des brochets *à la Chambord*, et si l'on garnit encore aujourd'hui les timbales de *Béatilles* avec des *frangines* et des *crépinettes* de moelle épinière, et si l'on appelle *amourette* la moelle épinière des veaux et des agneaux, c'est encore à lui qu'on doit attribuer la délicatesse de cette recherche et celle de son expression physiologique. A qui l'aurait voulu laisser dire, il aurait osé soutenir la prétention d'avoir inventé les potages *à la jambe de bois* (« *décharnez proprement et piquez votre os à moelle au milieu de vos croûtons gratinés* »); mais il en était rudement démenti par le Premier Maître de l'Hôtel de M. le Régent, M. le Vicomte de Béchameil de Nointel, qui réclamait la priorité de la découverte, et qui a eu l'honneur de donner son nom à la sauce blanche que vous savez.

— Est-il heureux, ce petit Béchameil, disait toujours le vieux d'Escars; j'avais fait servir des émincés de blanc de volaille *à la crême cuite* plus de vingt ans avant qu'il ne fût au monde, et voyez pourtant que je n'ai jamais eu le bonheur de pouvoir donner mon nom à la plus petite sauce!

Toujours est-il que cet habile homme de bouche avait nom *Rotisset*, et qu'il nous était provenu d'un pari que mon oncle avait gagné contre le Maréchal de Saxe qui l'avait envoyé chez nous, malgré qu'il en eût, pieds et poings liés. Il en pleurait à chaudes larmes en arrivant de Chambord, et même il avait eu la mauvaise pensée de s'en révolter; mais comme on l'avait menacé de le faire mettre à Saint-Lazare, il avait fini par accepter la gageure.

Je suis fâchée d'avoir à vous dire que le nom de Rotisset n'était pour lui qu'un surnom d'office, et qu'il n'avait aucun nom patrimonial, attendu qu'avant d'entrer dans les cuisines de Chambord, il était sorti du réfectoire des enfans-trouvés.

Il avait pourtant fini par épouser la sœur de Melle Dupont, ma première femme, et depuis votre berceuse ; mais les Dupont, qui sont des bourgeois du Maine, heureusement et très honnêtement nés, avaient d'abord été profondément irrités de cette mésalliance !

Il en était résulté, premièrement une certaine Fanchon Rotisset qui s'allia convenablement avec un ouvrier bijoutier nommé Filippon (on disait *Flipon* dans l'usage habituel de la famille) ; et je vous dirai, pour n'y rien omettre, que Mlle Flipon, née Rotisset, avait une sœur *germaine*, fille de garde-robe chez Mme de Boismorel, qui était une richarde du Marais (1). Elle avait en outre un frère *utérin*, nommé Bénard qui était au service de M. Haudry, le fermier-général, en qualité de chef d'office, et c'était la fleur des pois, celui-ci ! Il me semble qu'ils avaient encore un neveu *consanguin*, croisé du Rotisset et du Flipon, qui devait être garçon de cuisine ou

---

(1) Anne Rousseau de Balagny, veuve de Charles Roberge, Seigneur de Boismorel et ancien payeur des rentes sur le clergé de France ; lorsque Mme Roland parle d'elle, c'est toujours comme d'une personne de la première qualité.

(*Note de l'Auteur.*)

cuisinier chez M. Toynard de Jouy (le père de Mme d'Esparbès), mais je n'oserais vous en répondre en sûreté de conscience.

En voyant que je vous déroule cette généalogie comme la chaîne d'un tourne-broche, vous allez peut-être imaginer que je suis devenue folle; mais patientez encore un instant, mon Prince, et vous allez voir à propos de quoi je vous ai tracé la filiation des Rotisset et des Flipon?

Pour éclaircir mon préambule, je vous dirai d'abord que M. Dupont, mon valet de chambre-secrétaire, (qui vous écrit ceci sous ma dictée et qui a beaucoup de peine à s'empêcher de rire,) avait toujours ainsi que Mlle Dupont sa tendre épouse, (il n'y saurait tenir à ce qu'il paraît?) quelque chose à me dire à l'honneur et à la gloire de Manon Flipon, qui était la fille du bijoutier, et qui, suivant leur témoignage, était une merveille de la nature ! Je me souviens qu'il avait été question d'un mariage pour elle avec le boucher qui fournissait l'hôtel de Créquy, lequel avait imaginé de m'écrire à cette occasion-là (c'est le boucher, bien entendu). Les Dupont se jetèrent à la traverse pour m'en donner une explication satisfaisante et respectueuse; mais je leur signifiai qu'ils eussent à me laisser tranquille avec leur aimable nièce, et que je ne voulais plus entendre reparler de Manon Flipon.

Un an, deux ans se passent, et les Dupont ne sauraient y résister ! il faut absolument qu'ils me parlent du mariage de leur nièce, en me demandant si je n'aurai pas la bonté de signer au contrat : ce que j'acceptai sans la moindre hésitation, parce que c'était l'habitude de MM. de Créquy à l'égard de leurs domestiques et des parens de leurs domestiques qui n'étaient pas gens de livrée.

Il y eut un malentendu pour le jour et l'heure où je devais donner ma signature ; j'étais à Versailles, ou je ne sais pas quoi. On voulut bien se contenter de faire signer ledit contrat par Madame votre mère et par mon fils, et je n'y songeais plus du tout, lorsque Dupont vint me supplier d'accorder une audience à Mme Roland de la Plattière.

— Qu'est-ce que c'est ? et qu'est-ce qu'elle me veut ?

— Mais, Madame, c'est Manon Flipon qui a épousé un monsieur du Bureau du Commerce de Lyon ; une place superbe avec quatre bonnes mille livres de rente en fermes, et une maison de campagne dans le Forez. Comme Madame n'a pas signé leur contrat, ma nièce a pensé que Madame aurait peut-être la bonté..... — Vous pouvez lui dire de venir ; je la verrai.

Mme Roland de la Plattière était la plus belle personne du monde. Elle était bien tournée, bien faite et bien mise, avec une élégance modeste. Son visage éblouissait de fraîcheur et d'éclat, comme un bouquet de lys et de roses (je vous demande pardon pour cette comparaison qui est surannée, mais c'est que je ne sais rien pour la remplacer ; et du reste, celui qui a dit pour la première fois qu'*il n'y a pas de roses sans épines*, avait dit une chose charmante !) Son visage était admirablement régulier pour les traits et pour son contour du plus bel ovale. Elle avait des yeux ! quels beaux yeux bleus ! sous des sourcils et de longs cils noirs, avec une forêt de cheveux bruns. L'amabilité de la physionomie ne répondait pas toujours à cette régularité charmante ; il y avait parfois dans les mouvemens de la bouche et des sourcils quelque chose de mécontent, de malveillant et même de sinistre... Lorsque j'eus signé le contrat qu'elle m'apportait et que je vis qu'elle ne s'en allait pas, je devinai qu'elle avait envie de me dire autre chose et je la voulus faire asseoir ; mais comme elle aurait été mortifiée de me voir sonner Dupont (son oncle) pour lui avancer un siége, je me levai pour me diriger du côté des fauteuils, en lui disant : — Asseyez-vous donc, mon enfant.

— Voilà cette belle jeune femme qui conçoit la délicatesse de mon intention, qui me regarde avec des yeux attendris, et qui me dit avec un accent énergique et passionné : — Vous êtes bonne, Madame ! vous êtes véritablement bonne et généreuse ! et, ce disant, elle fait un saut de gazelle à l'autre bout de la chambre, afin de saisir un tabouret qu'elle apporte en deux enjambées et qu'elle établit en face de mon canapé.

Ce qu'elle avait à me demander, c'était de faire obtenir des lettres de noblesse à son mari qui possédait en roture un petit fief noble, appelé la Platlière, lequel relevait de la châtellerie de Beaujeu, et se trouvait dominé par M. le Duc d'Orléans en sa qualité de Comte de Beaujolais.

Tous les bourgeois de Lyon avaient la fureur de l'anoblissement, et Mme Roland m'en cita pour exemple celui d'une belle Mme de la Verpillière qui avait trouvé moyen de faire de son mari un gentilhomme *de trois races,* au lieu d'un anobli *au premier degré :* elle avait arrangé son affaire d'anoblissement de manière à faire donner des lettres de noblesse au bisaïeul de son mari, lequel bisaïeul était âgé de 95 ans et en enfance, à ce que disait Mme Roland, et ce qui n'était pas hors de vraisemblance. Elle disait aussi que le père et le grand-père étaient morts depuis plusieurs années, ce qui lui faisait observer, avec assez de malice et de raison, que les deux générations nobles, intermédiaires entre l'Écuyer, premier anobli, et son arrière-petit-fils, le Chevalier, gentilhomme de *trois races,* ne subsisteraient jamais ; ce qui serait toujours d'une singularité surprenante. Du reste, elle ajouta que madame de la Verpillière faisait *l'insolente,* et sa manière de prononcer et d'accentuer ce dernier mot lui donna tellement la figure d'une Euménide, que je crus lui voir pousser, non pas des *cornes au front,* comme disait votre grand'mère de Sévigné, mais *des cheveux de serpens !*

— Mme Roland voulut ensuite me faire entendre avec un certain air d'exigence et de jalousie concentrée, qu'il était possible que la famille de son mari fût descendue du Maréchal de la Plattière, ce qui brouilla ses cartes et son enjeu sur mon tapis. Je lui répondis que le nom de famille de ce Maréchal était *de Bourdillon* et non pas *Roland* (1) ; et

(1) Cette assertion de Mme de Créquy, ordinairement si bien informée, ne s'accorde pas exactement avec le *Nobiliaire* du

quand elle vit que j'accueillais cette supposition chimérique avec un air de froideur impassible et peut-être un air de hauteur incrédule, elle en prit une physionomie de haine en révolte et d'orgueil blessé que je n'oublierai jamais ! Je l'éconduisis discrètement et même assez poliment, ce me semble ; mais je dis à son oncle Dupont que Mme de la Plattière se moquait du monde, que son mari était descendu de trop haut lieu pour avoir besoin d'être anobli, et qu'il n'avait qu'à déposer ses preuves au bureau de M. Chérin.

Je passai quelques années sans avoir à m'occuper du ménage Roland. M. de Breteuil, alors ministre de la maison du roi, me dit seulement qu'il était persécuté pour eux par un déluge de recommandations des Montazet, des Marnézia, des Gain de Linars et des autres Comtes de Lyon ; car Mme Roland, qui ne manquait pas d'intrigue, avait trouvé moyen de faire manœuvrer en faveur de son mari l'Archevêque de Lyon et tous ses chanoines de Saint-Jean. M. de Breteuil fit répondre que le meilleur

---

Père Anselme, ouvrage dont elle parle toujours comme du recueil généalogique qui mérite le plus de confiance. Imbert de la Plattière, Maréchal de France sous le règne de Charles IX, et son ambassadeur auprès de l'empereur Maximilien, était Seigneur de *Bourdillon*, mais son nom patronymique était *de la Plattière*. Il est mort en 1567, sans postérité de ses deux femmes Claude de Damas et Françoise de Birague, fille du Chancelier de ce nom. Il est assez singulier qu'on ait eu besoin de compulser et de citer le *Dictionnaire des Grands Officiers de la Couronne de France*, à propos d'une prétention aristocratique de Mme Roland. (*Note de l'Éditeur.*)

moyen d'obtenir des lettres de noblesse pour leur protégé, c'était qu'il se fît agréger à la prévôté municipale de Lyon, afin d'y parvenir à l'échevinage, ainsi que MM. Tholosan, la Verpillière et tant d'autres ; mais il paraît que la haute bourgeoisie de cette grande ville ne voulut pas admettre le sieur de la Plattière à la participation de ses priviléges, *et indè iræ.*

A l'occasion de notre odieuse et stupide affaire avec le citoyen Bourbon-Montmorency-Créquy, que j'étais accusée d'avoir fait déposséder, infibuler et saigner des quatre membres, je pris enfin mon parti d'en aller parler à son protecteur et son ami, le Citoyen Roland, que je trouvai dans les dispositions les plus farouches et les plus hostiles contre nous. C'était un écueil inabordable, escarpé ; c'était un amas de scories aigües et réfractaires ! on ne saurait dire que ce fût un homme de fer, car il n'en avait ni la solidité ni l'utilité ; c'était un homme de bois, mais de ces bois intraitables et si durement grossiers qu'ils font rebrousser le fer des haches.

Mme Roland survint dans le cabinet de cet étrange ministre, avertie qu'elle avait été par mon excellent Dupont, dont le respect et la fidélité pour moi ne se sont jamais démentis. La physionomie de cette femme avait une expression d'ironie triomphante et mal déguisée par quelques paroles de considération bienveillante auxquelles je ne voulus correspondre en aucune façon, ce que vous croirez facilement, car il est assez connu que je n'ai jamais su dissimuler et que je ne l'ai jamais voulu.

Mme Roland me parut encore assez belle, mais il me sembla que ses manières et son langage étaient devenus très-ignobles et risiblement affectés. Elle disait, par exemple, avec un air de satisfaction prétentieuse : — *A l'heureux, l'heureux,* — *dans le tems pour alors,* — *d'encore en encore* et *faite excuse;* — *nous deux le ministre, et c'est embêtant,* enfin cent autres locutions de la vulgarité la plus insipide ou de la trivialité la plus dégoûtante. Je me souviens notamment qu'elle parla d'un citoyen à qui l'on avait *chippé* sa carte de sûreté, et qu'elle me demanda si je connaissais leur ami Barbaroux, qui était beau *à lui courir après.* Jugez du ton qu'elle avait pris dans ses relations révolutionnaires et ses intimités girondines ; car, en vérité, ce n'est pas ce ton-là qu'elle avait quelques années auparavant, ou du moins elle avait eu la vanité bien placée de s'observer, de se contenir et de ne pas s'exprimer ainsi devant une personne de bon goût. — Voilà donc la femme d'un ministre de la république? disais-je en moi-même. On descend toujours et l'on marche vite en révolution ! Pour le ton du monde et les traditions polies, il y avait aussi loin de Mme Roland à Mme Necker, que de Mme Necker à la Duchesse de Choiseul ; imaginez ce que devait être la femme du ministre de la justice, la citoyenne Danton, à qui madame Roland paraissait une précieuse aristocratique et comme une sorte de princesse.

A leur manière de me parler de ce misérable aventurier, c'est-à-dire de mon dénonciateur, je vis tout aussitôt que je n'avais aucune justice à espérer de ces gens-là ; aussi je me contentai de leur dire, froidement et sèchement, que, si la nation confisquait mes biens, ce ne pourrait jamais être au profit d'un imposteur aussi facile à démasquer que le Citoyen Bourbon-Montmorency-Créquy, autrement dit Nicolas Bézuchet, leur protégé. Je ne leur adressai pas une parole qui pût avoir l'air d'une sollicitation ; mais cette fausse démarche ne me contraria pourtant pas autant qu'on devrait l'imaginer, car je les trouvai si ridiculement déraisonnables, que leur chute me parut infaillible, indubitable et nécessairement prochaine. Je me délectai malicieusement dans la contemplation de leur sotte arrogance, de leur infimité, de leur insuffisance à gouverner un pays quelconque, et surtout un pays tel que la France! Nous nous quittâmes avec l'air d'un mécontentement réciproque. — Je te salue, Citoyenne, me dit le ministre, avec une maussaderie pitoyable, et sans daigner seulement faire semblant de m'accompagner jusqu'à la porte de son cabinet que je fus obligée d'ouvrir toute seule. Sa femme avait évité de me tutoyer, mais elle n'aurait eu garde de compromettre sa dignité personnelle et la dignité de la république française en *reconduisant* une *fanatique* (c'était le principal grief contre moi). Elle se leva majestueusement pour me faire un geste de civilité romaine, avec une espèce de mouvement de la tête et des paupières, en guise de salut.

Quatre mois après, nous étions prisonnières ensemble à Sainte-Pélagie.

Retournons en arrière, en vertu du privilége que je me suis réservé d'empiéter sur les temps futurs, et de rétrograder *ad libitum*.

CHAPITRE XV

Procès contre Nicolas Bézuchet. — Nouvelles démarches de l'auteur. — Une visite au Juif Kaiffer. — L'accusateur public Faure. — Sa partialité pour Bézuchet. — Maladie de l'auteur. — Lettre et compte-rendu par le Duc de Penthièvre au Marquis de Créquy. — Condamnation de Bézuchet. — Guérison de l'auteur et continuation de son récit. — Nouvelle accusation contre Bézuchet. — Son emprisonnement et son supplice. — Heureux effet de son imposture. - Mme de Créquy est mise en surveillance et en arrestation chez elle. — Sa comparition au tribunal révolutionnaire. — La toilette des condamnés. — Acquittement de l'Abbé de Fénelon et du Père Guillou. — Accusation portée contre ce missionnaire par des méthodistes. — Les phrases ascétiques en style *réfugié*. — Les crocodiles et les Wesleyens. — Emprisonnement de l'auteur au Luxembourg, à Ste-Pélagie et dans un endroit inconnu. — Le régime de la Terreur et les Kantistes. — Le comte Garat, le comte Reynhart et le comte de Rambuteau.

———

Le tribunal du district avait commencé par envoyer notre faussaire en possession de mon hôtel de Créquy, rue de Grenelle, ainsi que de l'hôtel de Créquy, rue d'Anjou, lequel appartenait à mon fils et ma belle-fille ; mais vous imaginez bien que nous ne voulûmes pas céder la place à Nicolas Bézuchet. Nous interjetâmes appel de cette première sentence ; et comme il y eut un cri d'indignation générale contre l'arrêt et les juges, Bézuchet nous fit défaut à chaque audience, et toute la procédure civile en resta là. L'Assemblée nationale avait envoyé sa requête au comité de législation ; et quoiqu'on l'eût accueilli très favorablement, quand il osa venir à la barre afin d'y présenter son beau Mémoire, on ne savait absolument comment s'y prendre afin de le protéger avec plus d'efficacité. Non content de prétendre à la possession légale de tous nos biens, il réclamait en même temps et aux mêmes titres, la restitution de Chambord qui appartenait au Roi, la possession de Bellevue qui était à MESDAMES, et la possession du Plessis-Piquet qui appartenait à je ne sais plus qui, mais qui provenait de la succession de MM. du Guesclin. Il en résultait une complication de difficultés si favorables pour nous, que la majorité de l'Assemblée, sur la proposition de M. de Talleyrand, fut d'avis de renvoyer la plainte au tribunal criminel du département de la Seine.

J'étais bien loin d'être en sécurité sur le résultat de cette ridicule affaire ; il n'y avait aucune espèce de sottises qu'on n'eût déjà fait accroire à la majorité de cette patriotique Assemblée ; ainsi jugez tout ce qu'il y avait à risquer pour nous devant un tribunal inférieur en expérience, en lumières, en consistance, enfin devant une Assemblée nationale au petit-pied (1) !

———

(1) On avait fait croire au peuple français que tous les embarras dans les finances étaient provenus principalement de ce

C'est que j'en ai vu de ces misérables juges en savates et en linge sale; j'en ai entendu qui s'écriaient le jour où l'Assemblée nationale avait décrété que le droit de faire la paix et la guerre appartenait à la nation. — *J'l'avons gagné l'droit d'guerre et d'paix ! J'l'avons gagné ! Guerre aux châteaux !!!*

J'avais impérieusement exigé que votre père ne quittât pas notre châtelet de Jossigny pendant toute la durée de ce procès. Je tombai malade de fatigue en revenant de l'audience et je vais laisser parler M. de Penthièvre.

que la Reine Marie-Antoinette envoyait tout l'argent du trésor à l'Empereur, son frère. On avait persuadé, non-seulement aux badauds de Paris, mais à un certain nombre de législateurs, que les aristocrates avaient fait creuser et miner tout le Champ-de-Mars et tous les bâtimens de l'École-Militaire, afin de les faire sauter le jour de la fédération. Les journaux démocratiques invitaient les députés et les citoyens à se tenir en garde contre une épouvantable réunion de tigres, de lions, d'hyènes et de léopards qu'on devait renfermer sous les gradins qui conduisaient à l'autel de la patrie, afin de les lâcher sur les bons citoyens, au moment où ils viendraient prêter leur serment civique. M. de Talleyrand fit semblant d'en éprouver de l'inquiétude, et l'Assemblée fit publier un procès-verbal signé par tous les membres de la commission des carrières et de la voirie, pour constater qu'après avoir examiné soigneusement les bâtimens de l'École-Militaire, ainsi que tous les égouts voisins du Champ-de-Mars et les canaux souterrains qui servent à la conduite des eaux ils n'avaient rien aperçu *qui fût de nature à troubler la sécurité générale.* Vous pouvez bien imaginer si ceux qui avaient mis en circulation de pareilles folies, se moquèrent du gouvernement qui avait la faiblesse et la bonté de les faire démentir.

(Note de l'Auteur.)

« Marquis, votre courageuse mère est dans son lit pour se dorloter, parce qu'elle a tout le bras droit tyrannisé par une douleur de rhumatisme et que sa main droite en est enflée. Elle se désespère de l'inquiétude qu'elle vous suppose, et je vais la remplacer pour vous tranquilliser tous les deux, je ne vous promets pas de m'en tirer aussi bien qu'elle; mais j'y mettrai toute l'atention dont je suis capable, et j'entre en matière. La Marquise était allée mardi matin, chez un Juif appelé Kaiffer, et qui demeure, à ce qu'elle veut que je vous dise, rue St.-Denis, au numéro 495; on l'avait exigé d'elle, et c'était pour y conférer sur votre affaire, attendu que cet israélite est un des deux cents citoyens désignés par le syndic général pour juger tout le monde, en exécution de l'art. VI du titre XI de la IIe série de la loi du 29 septembre dernier. C'est elle qui me le dicte et qui sait toutes ces belles choses par cœur. Elle avait fait antichambre dans la cour du juif et tout à côté d'un évier de cuisine, avec les pieds sur un pavé qui n'était ni sec ni propre; première cause de son indiposition. Il paraît que cet honnête *juré*, comme on les appelle, est imbu d'une grande défiance et d'un souverain mépris pour tous les Nobles; aussi la Marquise a-t-elle eu grand soin de lui faire observer que malgré que vous mangeassiez assez souvent du lapin, du lièvre, du lard et de l'anguille, ainsi que des cotelettes de mouton et autres chairs qui *avoisinent les entrailles des animaux*, et quoique vous ne profitassiez jamais, ni elle non plus, de la licence que prennent certaines gens, par une fausse interprétation du Lévitique, laquelle consiste à filouter tous ceux qui ne sont pas de leur religion, il ne s'en suivait pas du tout que vous eussiez fait infibuler ni saigner personne des quatre membres. Il a dit: *On verra ça;* et votre pauvre mère en a été pour ses frais d'antichambre et de conversation avec ce juif. Mon bon Dieu! quel temps pour y vivre! Voilà les sujets qui veulent régir les souverains, et les chrétiens qui sont jugés par des juifs : il me semble qu'autant vaudrait faire juger les officiers de louveterie par des loups, n'est-il pas vrai? Le Marquise avait donc été prise de rhume, et je ne l'ai pu voir mercredi, parce que les rues étaient si remplies de mauvaises gens en si grande émotion, que sur ma place des Victoires et du côté de ma fille, on ne pouvait passer outre, et que je n'ai pu sortir de chez moi. J'ai déjà été arrêté sur cette place du Palais-Royal, et quand j'entends dire pour me faire relâcher que je suis le beau-père de qui vous savez, c'est un si douloureux et si honteux bénéfice pour moi, qu'il me semble en recevoir un coup de stylet au milieu du cœur. Mais retournons à votre procès, car tout le monde a ses afflictions, et vous savez que les vôtres ne sauraient être pour moi des contrariétés minimes. Notre-Dame de bon-secours s'est donc fait habiller jeudi matin à la lumière des bougies, car elle était en course dès sept heures et quart. Voilà ce que l'on a dit chez elle à un de mes gens que j'y avais fait envoyer pour le premier coup de huit heures. Elle avait pris des précautions admirables, et la voilà qui vous fait dire comment elle avait mis tout autant de coqueluchons que la Duchesse de Saulx ;

mais l'homme propose et Dieu dispose, et la bonne mère a eu pendant tout le temps de l'audience une porte ouverte sur le dos en pleine correspondance avec les quatre fenêtres de la salle au grand'ouvertes; enfin c'était à n'y pas tenir pour elle, avec son horreur des courans d'air, et je vous dirai pourtant qu'elle est restée là jusqu'à la fin. Le substitut de l'accusateur public est un citoyen qui s'appelle Faure; il a commencé par conclure en faveur de votre adversaire, et Mme de Créquy tournait à la mort, parce qu'elle ne voyait pas arriver le sieur Delamalle qui devait parler et plaider pour elle; mais il n'avait garde de s'en acquitter, parce qu'il avait été mis en prison le mercredi au soir. Elle s'est levée comme une amazone, ou si vous l'aimez mieux, comme une autre Amalasonthe, en disant qu'elle allait se défendre toute seule; et la voilà qui s'est mise à faire à ces petites gens du jury tout l'historique de cette haute pairie de Créquy et de sa grande forêt dont vous ne possédez plus de quoi faire un manche de fouet, comme aussi toute l'histoire de la maison de Grenelle que cet imposteur a l'impudence de réclamer; — tandis que je l'ai achetée d'un appelé M. de Feuquières, et que je vous en apporte le contrat, leur a dit la Marquise. Vous y verrez, dans ce contrat, que je l'ai achetée à vie pour une somme de quarante mille francs, une fois payée; parce que je n'avais pas l'air d'avoir en point de vue pour deux ou trois années de vie; il y a de cela soixante et un ans; j'ai toujours eu la malice de m'en applaudir et j'espère en profiter jusqu'à ma mort. — C'est tout de même une fine commère et qui n'a pas froid aux yeux, disaient les gens du peuple qui se trouvaient à l'audience, et ce qui pourra vous surprendre à cause de la disposition générale des esprits, c'est que lorsqu'elle a eu fini de parler, elle a été couverte d'applaudissemens. — Mais c'est donc un filou et un escroqueur d'orphelins, c'est un voleur d'enfans, disaient les jurés sans se retenir le moins du monde, et du reste le filou dont il s'agit n'était pas dans la salle, il se tenait dans un couloir, où Dupont nous dit qu'il avait un air des plus interloqués. Cependant le citoyen Faure a prétendu qu'il était indispensable à lui de nommer un avocat d'office pour Mme votre mère et pour vous (à qui je suis prié de faire savoir, par parenthèse, que le fils de Mme de Créquy passait dans l'esprit des auditeurs et sur les bancs des jurés, pour être un petit bon homme de sept à huit ans), parce que, disait le même substitut d'accusateur public, il y avait des moyens de droit qu'il fallait plaider, et que les parties civiles ne pouvaient les invoquer, faute de les connaître. — Nommez donc un avocat d'office, a répondu la Marquise, et voilà qu'il est sorti de sur les bancs un grand diable de Gascon, nommé Coste, qui paraît avoir été le plus étrange orateur de la bazoche, et sur lequel Mme votre mère ne tarit pas. — Messieux, et je dirai plus, cito-iens, disait-il à Faure et à ses adhérens, au conspect d'une éspoliation pareille, on en reste comme une éstatue!! Il a parlé d'étantative éscandallûse environ cent fois, et du reste il a parlé comme un honnête et digne homme à qui N. D. des Victoires enverra demain matin un rouleur *.cent louis dont on n'entend pas que vous ayez à vous mêler, parce que vous êtes un petit écolier, et qu'il faut vous laisser votre boursiquet pour acheter des bilboquets. — Veuve Froulay Créquy, a dit le premier juge, avez-vous quelque chose à ajouter à l'éloquent discours de votre défenseur officieux ? — Rien du tout : je m'en rapporte à votre bon sens et à votre conscience. La sentence dont vous ne pourrez avoir copie que demain, c'est-à-dire la semaine prochaine, si vous restez encore à Jossigny, l'arrêt, vous dis-je, porte en substance que le nommé Charles-Alexandre *dit* Créquy est débouté de ses poursuites, contre la défenderesse et son fils, qu'il est condamné aux frais du procès, à une amende de 500 francs pour les indigens de la section, à 200 francs de dommages et intérêts pour l'autre partie plaidante, et de plus, à six mois d'incarcération pour avoir voulu surprendre la bonne foi publique et la religion des autorités constituées. Comment trouvez-vous ce jugement dont nous avons rendu joyeusement et humblement grâce à Dieu ? Mme votre mère vous fait dire qu'elle n'est presque pas malade et qu'il vaut mieux ne pas vous presser de revenir. Pour abonder dans son sens, je vous dirai, comme observation de mon crû, qu'elle mange comme un Ogre et boit comme un Templier ; mais, à la vérité, c'est du biscuit avec de l'eau d'orge, et je puis ajouter qu'elle jase comme une pie dénichée. — Faites-moi donc taire, ou j'en deviendrai comme un ésquelette ! Voilà ses dernières paroles et depuis sept à huit minutes, elle a tout-à-fait l'apparence d'une personne qui dirait son chapelet; mais je pense bien que ce n'est pas sans quelques distractions de l'ordre judiciaire. Vous savez, Marquis, comment et combien vous est affectionné votre cousin,

LOUIS-JEAN-MARIE DE BOURBON.

Je fus bientôt guérie, grâces à mes bains aromatiques, et je reprends la plume afin de vous continuer mon récit. Il se trouva que Bézuchet avait contrefait la signature de St.-Just et de Fouquier-Tinville, afin de se recommander à M. et Mme Roland pour en obtenir, sur les fonds du ministère de l'intérieur, une pension alimentaire et provisoire. Robespierre en profita pour le faire garder indéfiniment à Ste-Pélagie où nous avons été détenus ensemble, mais sans que je m'en pusse douter, car nous n'étions pas incarcérés dans le même corps de logis. C'est une chose dont j'ai toujours remercié le bon Dieu, parce que le voisinage de cet homme aurait été pour moi, pauvre prisonnière abandonnée à la justice et l'humanité de nos guichetiers, un sujet d'insupportable dégoût et d'appréhension continuelle.

Vous verrez, dans les pièces justificatives que je vous ai fait réserver, tout ce que Bézuchet disait avoir à souffrir dans cette prison, dont il n'est jamais ressorti que pour être conduit à la guillotine. C'était sans doute à raison de son imposture envers le ménage Roland, mais c'était principalement à titre de *tyran féodal* et d'*ancien aristocrate*, et pour le récompenser de s'être fait appeler Bourbon-Montmorency-Créquy. Voyez donc cet étrange effet d'une étrange imposture, et cette prodigieuse concordance entre l'iniquité des révolutionnaires et la justice du ciel.

Un autre effet, presque miraculeux, des poursuites de ce misérable homme, c'est qu'ayant fait mettre des oppositions sur le paiement de tous nos revenus, il en est résulté qu'en dépit de notre inscription sur la liste des émigrés, aucun acquéreur ne s'est présenté pour acheter ni soumissionner aucune de nos terres; et ceci par prévision, par méfiance ; en sorte que nous n'avons été dépouillés que de votre hôtel de la rue d'Anjou et de ces deux belles forêts de St.-Pol et de Vareilles, sur lesquelles on a prétendu que les deniers dotaux de ma belle-fille se trouvaient hypothéqués. Quand on nous signifia juridiquement cette folle sentence, votre pauvre père était bien malade et j'étais sous clé, mais je me gardai bien d'interjeter appel au tribunal de cassation, et je ne manquai pas de faire la sourde et muette, en contrefaisant la morte et nous félicitant d'en être quitte à si bon marché (1).

J'avais été mandée pour le duodi, 5 floréal, au tribunal révolutionnaire, à l'effet d'être interrogée sur un vol de diligence qui devait avoir eu lieu dans les environs de Montflaux. C'était un des 24 substituts de Fouquier-Tinville, qui devait procéder à

---

(1) C'est depuis la mort de mon petit-fils et pendant la dernière maladie de son père, que tous les biens de ma belle-fille ont été vendus révolutionnairement. Nous avons été privés de nos revenus pendant 57 mois; mais vous devez bien penser que c'était le cadet de mes soucis. J'ai la prévision de mourir bien seule et bien tristement, mon pauvre cousin ! (*Note de l'Aut.*)

mon interrogatoire et recevoir ma déposition, et comme je m'étais rendue à ce qu'on appelait son cabinet long-temps à l'avance, on me fit entrer, en attendant son arrivée, dans une grande salle basse, où je me trouvai livrée toute seule à mes observations et réflexions.

Il y avait à l'entour de ladite salle des paniers d'osier de forme carrée et pareils à ceux où les femmes de chambre mettent le bois à brûler qui est à leur usage : j'eus la curiosité de soulever le couvercle d'un de ces paniers, et je vis qu'il était rempli de poignées de cheveux de toute sorte de couleurs. La femme du concierge me dit ensuite que c'était là qu'on faisait *la toilette* des condamnés, qu'on ne reconduisait plus en prison pour en finir plus vite, et que c'était elle qui profitait de leurs dépouilles qu'elle vendait à son profit. Jugez combien votre pauvre grand'mère avait le cœur oppressé de se trouver là.

Mon interrogatoire ne fut ni long ni difficile ; le substitut n'avait pas reçu les pièces qui concernaient cette chouannerie ; il ne se souvenait seulement pas de l'assignation qu'il m'avait fait envoyer, et je n'ai jamais entendu reparler de cette affaire-là ; c'était un blondin qui ne paraissait pas avoir plus de dix-huit ans ; il avait la figure d'une jeune fille avec un bonnet rouge, une carmagnole de peau de chèvre et de gros sabot.

Dupont me dit en nous en allant, que pendant que j'étais à jouer aux propos interrompus avec mon imbécile de substitut, l'Abbé de Fénélon et le Père Guillou venaient d'être acquittés par le tribunal

révolutionnaire, en dépit de tout ce que Fouquier-
Tinville avait pu dire. L'Abbé de Fénelon, parce
que tous les ramoneurs et décroteurs de Paris l'avaient
suivi jusque dans la salle d'audience, en pleurant
et disant que c'étaient leur père, et parce que tout
le peuple avait crié grâce, en disant que c'était
l'*Évêque des Savoyards* (1). Le Père Guillou, c'était
parce qu'en entrant dans ce coupe-gorge, il tenait
un grand crucifix serré sur sa poitrine, en chantant
le *vexilla regis* de toute sa force ; ensuite de quoi il
s'était mis à se déchausser pour leur montrer les
stigmates de ses pauvres pieds, comme celles de ses
vénérables mains, en leur disant qu'il ne craignait
nulle autre chose que les artifices du démon; qu'il
n'avait jamais eu frayeur des hommes, si méchans
qu'ils fussent! Enfin qu'il avait enduré le supplice
de la croix pour avoir prêché le saint Évangile de
Dieu au Japon (ce qui était l'exacte vérité) ; mais
que Notre Seigneur avait bien voulu toucher le cœur

---

(1) Jean-Baptiste-André de Salignac de la Motte-Fénelon,
arrière neveu de l'auteur de Télémaque, et fils du Marquis de
Fénelon, Ambassadeur en Hollande, et Chevalier des ordres du
Roi. Par excès d'humilité chrétienne, l'Abbé de Fénelon avait
refusé l'épiscopat à plusieurs reprises, et notamment en 1742,
époque où le Cardinal de Fleury l'avait fait nommer à l'Archevêché de Besançon, quoiqu'il ne fut âgé que de 28 ans. Il
avait également refusé l'Évêché-Pairie de Châlons-sur-Marne,
et l'Archevêché de Bordeaux en 1759. Il s'était dévoué spécia-
lement à l'éducation religieuse et au soulagement des pauvres
enfans originaires de la Savoye et des montagnes d'Auvergne,
qui, jusqu'à lui, s'étaient trouvés abandonnés sur le pavé de
Paris. Il était le filleul de ma tante de Breteuil, et quand il est
mort, en 1794, il était âgé de 71 ans. (*Note de l'Auteur.*)

de ses juges, et qu'il n'était resté cloué sur la croix que pendant trois heures, ce qui fit que tous les juges et les auditeurs éclatèrent de rire, et qu'on le renvoya comme un fou. Il s'en retourna tranquillement dans le haut de son clocher des Carmes, rue de Vaugirard, où il avait établi son domicile, et je pense qu'il y demeure encore. C'était la Comtesse de Kercado (la Malézieu) qui s'était chargée de pourvoir à sa subsistance, et 24 francs lui duraient trois mois.

Le saint Abbé de Fénélon fut repris en sous-œuvre, un malheureux jour où les Savoyards ne se doutaient de rien, et il fut conduit à l'échafaud sur la même charrette que Madame Élisabeth de France et que la Maréchale de Noailles. — Monsieur le bourreau! monsieur le bourreau! cria celle-ci, arrêtez un moment pour me détacher les mains, laissez-moi prendre mon flacon, je vous en supplie! laissez-moi prendre mon flacon, *la Princesse va se trouver mal!*.... C'était au bout de la rue royale, et il est vrai que Madame Élisabeth avait paru prête à s'évanouir en voyant la place Louis XV, où le Roi son frère et sa belle-sœur avaient été suppliciés. Voilà ce qui fut mis dans un journal du soir en dérision de cette pauvre Maréchale de Noailles(1).

(1) A l'instant où la même charette passait en face du Palais-Royal, il en sortait deux hommes, dont l'un dit à l'autre: — Je ne suis pas moins révolutionnaire que vous, mais je trouve que ceci passe toute mesure. Je ne crois pas que l'existence de cette femme aurait eu rien d'inquiétant pour l'établissement, ni pour le maintien de la république. Il est à prévoir que la nation

A la suite de mes interrogatoires, de mes sollicitations et de mes visites à nos juges, que j'avais voulu faire toute seule, afin de ne pas exposer mon fils au danger de s'attirer l'attention des autorités révolutionnaires, je fus d'abord mise en état d'arrestation chez moi, sous la surveillance de trois sans-culottes qui nous voulaient rendre la vie si dure, que Dupont n'y trouva nul autre remède que celui de les gorger de mangeaille et de les maintenir ivres-morts. Il y en eut un qui n'eut pas la force de resister plus de huit jours à ce mauvais régime, et les deux autres en tombèrent malades.

Mais c'est conscience, et vous êtes un meurtrier, disais-je à Dupont.

Il me répondait qu'il *n'y a pas de mauvais coups sur de mauvaises bêtes*. Il a toujours force proverbes à sa disposition, et quand les deux survivans voulaient écrire à la section pour demander un autre sans-culotte en remplacement du défunt, Dupont leur disait que *la grande bande fait les étourneaux maigres*; ensuite il épanchait pour eux des rouges-

---

pourra se trouver en danger de prendre des habitudes par trop sanguinaires ; voulez-vous que nous nous entendions ensemble et que nous agissions de concert afin d'y remédier : — Je ne m'y refuserai pas tout-à-fait, si la chose en question n'est pas de nature à compromettre ma tranquillité, répondit l'autre idéologue. Enfin les deux amis s'accordèrent, et il fut convenu qu'ils allaient traduire en français la *Philosophie de Kant*. L'un de ces hommes était M. le Comte Garat, qui est devenu sénateur impérial, et l'autre, M. le Comte Reynhart, ancien ministre plénipotentiaire et pair de France à l'estampille de 1830.

(*Note de l'Éditeur.*)

bords et des rasades d'eau-de-vie qu'il envoyait acheter au cabaret et chez l'épicier du coin, pour économiser ma cave et les provisions de mon office. Ces deux malheureux ne voulaient manger que des salaisons, des viandes fumées et des épices ; on leur donnait tous les jours un gros jambon et une merluche grillée, un fromage de Hollande et je ne sais combien de harengs-saurs ; mais c'était surtout de moutarde aux anchois qu'ils étaient singulièrement affriandés, car ils en couvraient des tartines. On finit par être obligé de les faire conduire à l'hospice de la république, ci-devant l'Hôtel-Dieu, où je ne doute pas qu'ils n'aient fait pénitence de leur goinfrerie sauvage. (Il est assez connu qu'on y faisait quelquefois du bouillon pour les malades avec des têtes de mouton, des tranches de cheval et des quartiers de chiens, des moineaux et des chats.)

On m'envoya deux autres sectionaires qui nous agréaient beaucoup mieux parce qu'ils dormaient toute la nuit et la meilleure partie de la journée. Je me souviens que l'un de ces deux hommes avait nom Poucedieu. Les Dupont le trouvèrent un jour de pluie dans mon premier salon, qui ouvraient de grands yeux ; — Qu'est-ce que c'est donc que ça ? dit-il en leur montrant le dais ; c'est comme un ciel de lit......

— Et voilà justement ce qu'il en est, lui répliqua Dupont ; on en a retiré le bois de la couchette pour en faire une manière de trône où nous devons mettre la statue de la liberté avec le buste de Pelletier-Saint-Fargeau...

— Ah ben, ça n'est pas si bête, pour une vieille

marquise ! lui répondit mon surveillant Poucedieu..

L'Abbé de Dampierre, qui était resté Vicaire-Général du diocèse de Paris (1), et à qui aboutissaient toutes les aumônes, avait imaginé d'envoyer à l'économe de l'hospice de la république pour 50 mille francs d'assignats (qui perdaient environ 95 pour cent : c'était la monnaie du temps); mais le citoyen Lévéville fit arrêter Mlle Dupont qui les lui apportait, et nous restâmes dans une grande inquiétude en voyant qu'elle ne revenait pas de l'Hôtel-Dieu, où l'Abbé de Dampierre l'avait envoyée bon gré mal gré. Je n'en perdis pas la tête et je ne voulus pas garder l'Abbé de Dampierre qui était caché chez moi et qui se désespérait de cette imprudence. Dupont le fit sortir par la rue de Sèves pour le conduire chez Mme de Grimaldi (2), rue de la Planche, où la cachette *du prêtre* était introuvable,

---

(1) Charles-Antoine-Henry du Walk de Dampierre, né en 1746, sacré Évêque de Clermont en 1802. Les journaux de l'année 1834 ont annoncé qu'il venait de mourir dans sa ville épiscopale de Clermont, où sa mansuétude et sa charité pastorale lui avaient acquis l'attachement et la vénération de tous les partis. (*Note de l'Éditeur.*)

(2) La Comtesse douairière de Grimaldi, Dame de l'Ordre de Malte, née Baronne de Runkell et du Saint-Empire. Sa chapelle n'avait pas cessé d'être ouverte et fréquentée pendant tout le temps de la terreur ; ce qui était un miracle continuel. Je disais toujours de cette excellente Mme de Grimaldi, que si je lui survivais, je n'aurais ni repos, ni cesse que je ne l'eusse fait Béatifier. Je le répète encore aujourd'hui très sérieusement très respectueusement pour cette sainte personne.

(*Note de l'Auteur.*)

mais il se trouva malheureusement que la place était prise ou plutôt que la cachette était remplie par le gros Abbé du Londel. Dupont fut obligé de conduire le Vicaire-Général par la rue du Bac, jusque dans le passage Sainte-Marie, en plein jour, ce qui faisait frémir! Le bon citoyen Duperron, notre juge de paix, cacha l'Abbé de Dampierre pour la vingtième fois peut-être, et toujours le mieux du monde; mais quand Dupont fut de retour à l'hôtel de Créquy, j'en étais déjà partie dans une vieille chaise à porteurs, pour aller en prison, on ne savait laquelle, et je ne le sais pas encore aujourd'hui.

On commença par m'interroger sévèrement sur la citoyenne Dupont, ma *femme de confiance,* qui distribuait de *faux assignats ;* on me fouilla de la manière la plus insolente et la plus odieuse, et l'on me conduisit dans une petite cave, où je fus obligée de m'asseoir à terre, parce qu'il n'y avait ni siége, ni banc, et pas même une botte de paille. J'avais soustrait à la recherche de mes geôliers une vingtaine de doubles louis que j'avais eu la prévision de faire cacher dans la semelle de mes galoches. On m'avait laissé tous mes habillemens, Dieu merci! mais on m'avait pris un portefeuille où j'avais des assignats, et c'était pour les *vérifier,* soi-disant. On m'avait pris mon livre d'offices, mais on m'avait laissé mon rosaire, sur lequel on se contenta de m'adresser quelques brutalités injurieuses. Le chef de cette geôle avait nom le citoyen Salior; il me demanda s'il était vrai que je fusse âgée de 93 ans. — *Tiens,* s'écria l'un des familiers de cette épouvantable inquisition, *c'est l'âge de l'ancien régime!* J'avais pris la résolution de ne pas leur répondre une seule parole, et je l'exécutai fermement.

— Peut-être qu'elle est sourde, observa le citoyen Salior? Ensuite il se mit à m'accabler d'imprécations républicaines et d'apostrophes dont je ne comprenais pas toute la portée, parce qu'elles étaient en termes d'*argot*. Il me disait, en fermant les poings et grinçant des dents : *Oh! la vieille*..... et l'épithète dont il se servait pour m'injurier commençait par la deuxième lettre de l'alphabet. C'est tout ce que j'y trouvai de compréhensible.

Je passai dans cet horrible caveau la plus triste nuit du monde, et j'éprouvai ce que dit saint François de Sales, qui ne pouvait prier convenablement quand il n'était pas agenouillé commodément. Lorsque je voulais m'exhorter à la résignation, je vous avouerai franchement que je ne pouvais m'empêcher de maugréer contre l'Abbé de Dampierre, avec ses charités en assignats! Le lendemain matin, je fus conduite au Luxembourg, dont on avait fait une prison, et où je trouvai malheureusement beaucoup de personnes de ma connaissance.

C'était d'abord la Princesse de Rochefort à qui je demandai l'aumône et la charité d'un *petit morceau de pain*, parce que je n'avais rien mangé depuis vingt-quatre heures (1). — Mon Dieu! dit-elle à

---

(1) Marie Dorothée d'Orléans-Longueville de Rothelin, Princesse de Rohan-Guéménée-Montauban-Rochefort. Elle était sujette à la maladie la plus singulière et la plus régulière du monde. Elle était pendant six mois de l'année d'une coquetterie provo-

Mme d'Esparbès qui couchait dans la même chambre, nous n'avons plus ni pain ni rien du tout, comment donc faire?

— Il faudrait aller demander quelque chose à Mme Mathieu de Montmorency, pour qui l'on envoie tous les jours une pleine soupière avec une grosse volaille de l'hôtel de Luynes...

Mme Mathieu répondit qu'elle avait tout mangé; ensuite elle descendit dans notre chambre, où elle se plaignit amèrement de ce qu'on lui avait volé deux serviettes et je ne sais combien de bouteilles vides.

— Elle est comme son père, me dit ensuite Mme d'Esparbès : quand on parlait devant lui des pertes qu'on avait faites à la révolution, il disait toujours que personne n'en avait souffert plus que

quante et d'une intempérance de langue insupportable. Le reste du temps, elle était parfaitement raisonnable, assez triste, honteuse et presque muette. Mme de Rohan-Rochefort et sa sœur, Mme de Cossé-Brissac, sont les deux dernières descendantes du grand Dunois. Quant à Mme la Marquise d'Esparbès et de Lussan, Comtesse d'Aubeterre, elle était fille de Noble Sieur Nicolas Toynard, Écuyer, Seigneur de Jouy-sur-Seine, Secrétaire du Roi, greffier du conseil et fermier-général de S. M., et d'honnête Personne Jeanne Poisson, cousine-germaine de Mme de Pompadour, qui fut l'auteur de leur fortune. Contre l'ordinaire des filles de finance, Mme d'Esparbès est une personne d'esprit et de fort bon goût. Son acte d'écrou dans les prisons portait qu'on l'avait incarcérée parce qu'elle avait été dénoncée à la société populaire de Saint-Germain-en-Laye comme *aristocrate et carnivore*. Elle me dit qu'elle avait envie d'en appeler à la justice et l'expérience du fameux Représentant du Peuple Legendre, lequel était un boucher de Saint-Germain, précisément. (*Note de l'Auteur.*)

lui, parce qu'on avait eu l'indignité de lui prendre toutes les grosses carpes et les vieux brochets qu'ils avaient dans les fossés de leur château de Dampierre (1).

Je trouvai dans la même prison le Maréchal et la Maréchale de Mouchy, la Princesse Joseph de Monaco, la Duchesse de Fleury et Mme de la Rivière, sa fille, Mme de Charméau-Breteuil, enfin Mme de Narbonne, et je ne sais combien d'autres femmes de mes parentes ou de ma société, qui me reçurent à bras ouverts et le cœur bien serré, ce qui fut réciproque, ainsi que vous pouvez bien croire.

Je me rappellerai toujours le moment du dé-

(1) Hortense d'Albert de Luynes, femme de Mathieu-Jean-Félicité de Montmorency-Laval, son cousin germain. Elle est fille de ce Duc de Luynes et de Chevreuse à qui Bonaparte avait conféré le titre de Comte en l'appelant dans le Sénat-Conservateur. Le feu Duc de Luynes avait toujours bien de la peine à ne point dater ce qu'il écrivait de *l'année passée;* mais, pour se prémunir contre cette infirmité naturelle qui pouvait avoir des inconvéniens dans certains cas, il datait alors de *l'année prochaine;* et voilà ce qui lui est arrivé pour son testament qu'on a trouvé daté d'une année postérieure à celle de sa mort : il en est résulté la nullité de cet acte, et Mme sa fille qui se trouvait la co-héritière et la sœur unique de M. le Duc de Chevreuse, en a singulièrement profité.

Nous avons pris l'engagement de ne rien retrancher de ces Mémoires; mais il ne s'ensuit pas que nous ayons renoncé au droit d'en soumettre les faits et les jugemens au contrôle de la critique et de la justice; aussi ferons-nous observer ici qu'on a peine à s'expliquer le jugement de l'auteur à l'égard de Mme la Duchesse Mathieu de Montmorency, dont la conduite en prison ne s'accorderait guère avec sa réputation de bienfaisance et de charité généreuse ! (*Note de l'Éditeur.*)

part de la Maréchale de Mouchy, qui voulut absolument accompagner son mari devant le tribunal révolutionnaire (1). Le geôlier, la geôlière avec tous les guichetiers et leurs ogrichons, lui disaient, dans la cour où nous étions descendus et rassemblés pour leur faire nos tristes adieux : — Mais reste donc, va-t'en donc, citoyenne, tu n'es pas mandée par le tribunal.

— Citoyens, répondait-elle, ayez pitié de nous, ayez la charité de me laisser aller avec M. de Mouchy ; ne nous séparez pas !

Son bonnet tomba par terre, elle se baissa péniblement, et le ramassa pour en couvrir ses quelques cheveux blancs.... Enfin son dévouement triompha

(1) Anne-Claude, Marquise d'Arpajon, Grande d'Espagne et Grand'Croix de l'ordre de Malte, née en 1729, mariée en 1741 à Philippe de Noailles, Baron de Mouchy-le-Châtel et Châtelain de Silly, Maréchal de France, Chevalier de l'ordre insigne de la Toison-d'Or, Grand'Croix de l'ordre royal et militaire de Saint-Louis, comme aussi de l'ordre militaire et hospitalier de Saint Jean de Jérusalem de Malte, Gouverneur des ville et châteaux royaux de Versailles et de Marly, ancien Ambassadeur de France auprès du Roi de Sardaigne, etc., etc., etc. Il faisait toujours courir quatre pages avec ses titres, et l'on n'avait jamais vu de Grand Seigneur aussi petitement vaniteux. Au Partage de la succession du Duc de Villeroy, le Maréchal de Mouchy avait trouvé moyen d'acquérir la principauté de Poix qui était sortie pour la deuxième fois de votre famille à la mort du dernier Duc de Lesdiguières, et dont il avait fait prendre le titre à son fils aîné, le Marquis de Noailles, lequel est aujourd'hui Prince de Poix et Capitaine des Gardes-du-Corps. Ladite principauté de Poix, qui vous provenait des anciens Comtes de Soissons, était entrée dans votre maison par héritage, en l'année 1497, et n'en est sortie qu'en 1722. (*Note de l'Auteur.*)

de la résistance des geôliers, on la laissa monter sur la fatale charrette à côté de son mari, et deux heures après ils n'existaient plus ! Cette vénérable femme n'avait pas été comprise dans le mandat d'amener de l'accusateur public : elle avait passé par-dessus le marché dans la livraison du tribunal au bourreau pour ce jour-là.

Ce fut aussi le même jour que M. Roucher, l'auteur du poëme des *Mois*, se trouvait sur le banc des accusés. Il s'aperçut qu'un jeune peintre de ses amis dessinait son profil et ne douta pas que ce ne fût pour sa famille à laquelle il écrivit au crayon ces vers touchans .

> Ne vous étonnez pas, objets charmans et doux,
> Si quelque air de tristesse obscurcit mon visage;
> Lorsqu'une main savante esquissait mon image,
> L'échafaud m'attendait, et je pensais à vous.

La Princesse de Carency n'était pas d'une résolution si courageuse ; elle eut la faiblesse de se dire enceinte, afin de reculer l'exécution de son arrêt de mort ; elle avait fini par en perdre la tête, ou peu s'en fallait, car elle essayait toujours de s'empoisonner en faisant infuser des centimes et des épingles dans du vinaigre, ce qui n'aboutissait qu'à lui donner des coliques affreuses ; ensuite on accourait pour nous requérir de livrer notre pitance de lait pour en faire boire à Mme de Carency qui venait encore de s'empoisonner. Comme le lait était notre principale nourriture, on finit par se révolter, en lui faisant dire que pour la prochaine fois on la laisserait aux prises avec le vert-de-gris et la colique ; ce qui lui fit passer la manie du suicide au moyen de l'oxide de cuivre.

Nous n'étions d'abord que trois dans la même chambre, et nous en étions enchantées ; mais on commença par établir en dehors, et tout au plus près de notre porte, un bizarre et fatiguant personnage, appelé M. le Marquis d'Alez de Bermond d'Anduze, ni plus ni moins pour les noms, sans compter des prétentions nobiliaires à n'en pas finir. Aussitôt qu'on avait entr'ouvert notre porte, il se précipitait dans notre chambre, et nous étions obligées de le rudoyer pour qu'il nous laissât le temps de nous habiller et celui de faire nos prières. Il aimait beaucoup à raconter des histoires et particulièrement sur le danger des casseroles de cuivre et sur les retards de la petite poste. Ensuite, il aimait à discuter méthodiquement sur des choses incontestables ; et par exemple, il aurait fait une dissertation pour vous prouver que la ville de Paris ne saurait avoir 14 lieues de tour, par la raison qu'elle n'en a que 7 : ou bien que son ami l'abbé Legris-Duval était bien loin d'avoir 15 mille livres de rente, attendu qu'il n'en avait que 4 ; les preuves à l'appui surabondaient, et c'était, Dieu me pardonne, un ennuyeux compère ! Il s'attendait toujours à voir arriver en prison Madame sa nièce, la ci-devant Princesse Victor de Broglie, et dès qu'il entendait la moindre rumeur au bas de notre escalier, il se mettait à crier à tête fendre : — Est-ce vous, ma nièce ? arrivez donc ! J'espère que vous m'apportez une chaise percée ?.... La nièce n'est jamais arrivée, ni la chaise percée non plus, malheusement pour nous....

Il avait des querelles à se prendre aux cheveux avec l'Abbé de Saint-Simon (d'Archiac), qui couchait sur le même escalier, à cinq ou six marches au-dessous de ce Marquis languedocien que Dieu confonde! C'était souvent au milieu de la nuit que leurs disputes étaient les plus violentes, parce que celui-ci crachait toujours sur la tête de l'Abbé qui n'y voulait mettre aucune indulgence.

On nous donna bientôt pour commensale une certaine Mme Buffaut ou Buffot, qui était une élégante du quartier d'Antin, et qui faisait la grande dame et la renchérie de manière à nous en divertir beaucoup, si nous n'avions pas eu la guillotine en perspective et la famine en présence réelle. Ensuite on nous adjoignit une bonne paysanne angevine, dont je m'accommodai beaucoup mieux que de cette belle camarade de chambrée. J'aime mieux les villageois que les bourgeois.

Mon temps d'arrêt dans cette prison m'a pourtant mise à portée d'observer et de connaître une sorte de gens dont je ne me doutais en aucune manière. N'ayant jamais eu de relations qu'avec le grand monde ou bien avec de bons paysans de nos terres, des valets respectueux et de pauvres personnes du peuple, je n'avais et ne pouvais avoir aucune idée de cette bourgeoisie moderne qui est stylée d'après la philosophie de Voltaire. Ignorante et suffisante espèce de gens qui se croit élégante, et dont cette Mme Buffaut devait être le modèle achevé.

Elle disait un jour à l'Abbé de Saint-Simon : —

Je comprends très bien ce que vous avez dit à ces dames sur l'amour de Dieu : je l'aime à la folie, le bon Dieu ; mais j'aime surtout l'abbé Louis, parce que je l'ai vu dire la messe au Champ-de-Mars, avec esprit, avec grâce et avec sensibilité. A propos de la Maréchale de Richelieu qu'on venait d'amener en prison, elle se mit à dire au Marquis d'Alez de Bermond d'Anduze : — Il paraît que les maréchaux d'autrefois c'étaient des ecclésiastiques ?.... — Non, Madame, et comment donc cela ? — Mais je croyais avoir entendu dire que le Maréchal de Richelieu était un Cardinal ? Elle disait quelques années plus tard à Antoine de Lévis, que Buonaparte ne travaillait que pour le *Prétendant des Bourbons*, parce qu'il avait la promesse et l'ambition d'être fait connétable *de Montmorency*.

On nous avait expédié de *Commune-Affranchie* cette belle dame de Lyon dont je crois vous avoir dit quelque chose à propos de Mme Roland, et celle-ci, qui s'appelait Mme de la Verpillière, avait une autre sorte de bel air qui consistait à se moquer des gens à prétention. Elle avait pris en aversion déterminée Mme Buffaut qui lui semblait incivile, et le jeune M. de Rambuteau qui lui paraissait familier. Je ne sais plus quelle nouvelle il était venu nous donner de ses amis, Montmorency, Lévis ou Mailly, et cette malicieuse anoblie dit à Mme de Fleury : — Vous allez voir comme je vais lui river son clou ! Coucy, Mailly, Croüy, Créquy, Montmorency, Rambuty, lui dit-elle, il est inouï combien il y a de grands et beaux noms qui finissent en i !....

On introduisit un jour auprès de nous une petite

femme toute pâle, qui nous fit la révérence, et qui n'a pas dit une seule parole pendant trois jours et deux nuits qu'elle a passés dans la même chambre que nous, assise sur une chaise de paille, et sans vouloir se coucher. Elle n'ouvrit la bouche que pour manger quelques morceaux de pain sec et boire quelques tasses de lait ou quelques demi-verres d'eau rougie que nous lui donnions. Elle avait les yeux toujours fixés sur une grosse cassette qu'elle tenait devant elle, sur une autre chaise qu'elle avait approchée pour soutenir ses pieds, et qu'elle avait l'air de couver des yeux (la cassette) en s'éventant continuellement ; ce qui ne s'accordait guère avec la température et le thermomètre.

Mon Dieu, que j'ai souffert du froid au Luxembourg ! Corvisart a prétendu que c'était une cause de longévité pour moi, parce que les fluides avaient reflué sur certains ligamens du cœur et des poumons que la vieillesse et la sécheresse allaient endurcir. Il paraît que c'est l'*ossification* dans les viscères qui détermine la mort chez les vieillards. Il est vrai qu'en sortant de prison, je me suis trouvée dispose, alerte, fortifiée, rajeunie de vingt ans, et je suis convaincue que la sévérité de l'abstinence et surtout la rigueur du froid ont été pour beaucoup dans la prolongation de la vie : mais toujours est-il que c'est un supplice affreux !

La Dame en question ne voulut jamais descendre dans la cour pour y recevoir sa pitance, et c'était la *vieille Créquy*, la *grosse Latrimouille*, ou la *petite Monaco*, comme disait le geôlier, qui se chargeaient de lui porter sa nourriture.

Un matin, en remontant dans notre chambre, nous n'y trouvâmes plus que sa cassette, et le geôlier vint une heure après pour chercher les effets qu'elle avait laissés. Mme Buffot lui demanda témérairement si c'était qu'elle n'allait pas revenir avec nous? Il répondit à cela par un geste du tranchant de la main sur sa nuque; ensuite il défonça la cassette, où il ne se trouva qu'une chemise d'homme toute sanglante, et dont le col avait été coupé, comme on fait pour les apprêts d'une exécution capitale. Ensuite, il en tira une poignée de cheveux d'un beau noir, avec un petit papier sur lequel il y avait écrit: POUR MA MÈRE. Notre geôlier ne voulut pas nous dire le nom de cette malheureuse femme, et nous n'avons jamais su quel était son malheureux fils.

Pendant la nuit, ou si l'on veut le jour suivant, car il était environ deux heures du matin, on vint lâcher dans notre chambre une manière de petit jockey qui se mit à protester de son républicanisme, et qui dit au geôlier de lui faire monter du vin de Champagne. Comme le geôlier l'avait appelé *ma petite citoyenne*, et comme sa colère ou son altération lui faisaient proférer des juremens épouvantables et continuels, voilà Mme d'Esparbès qui prend la parole et se met à lui dire: — Écoutez donc, Monsieur, Madame, Mademoiselle, car nous savons pas ce que vous êtes, et je suis bien aise de vous apprendre qui nous sommes; ayez donc l'honnêteté de ne pas faire un pareil vacarme dans notre chambre, et, sur toute chose, ayez la politesse de ne pas jurer devant nous. Vous vous trouvez ici par devant Mme Buffot, s'il vous plaît! avec la Marquise de

Créquy, avec la Princesse de Rohan-Rochefort, avec une autre personne qui n'es pas moins honnête et moins respectable que nous, et quant à celle qui vous parle, j'aurai l'honneur de vous dire que je suis Mme d'Esparbès, toute prête à vous servir si l'occasion s'en trouvait? Ayez donc la bonté de ne pas jurer comme vous faites, et de ne pas blasphémer le saint nom de Dieu, ce qui nous mécontente et ce qui ne peut vous être utile à rien du tout.

— Ah bien, par exemple; et plus souvent que vous me feriez taire! lui répondit-on colériquement : soyez tranquille, allez! je vous vaux bien, et c'est pour le moins encore!....

— Mais je ne vous dis pas le contraire, poursuivit Mme d'Esparbès, et votre apparence est très-favorable à votre prétention; c'est à cause de cela que nous vous prions de ne pas blasphémer si haut.

— Apprenez que je suis la Duchesse de Bouillon!

— Comment donc? s'écria Mme de Rochefort, vous dites que vous êtes la Duchessse de Bouillon, la Landgrave de Hesse et la femme de mon neveu? on n'a pas d'exemple d'une invention pareille à celle-ci!....

C'était, en définitive, une petite demoiselle qu'on avait fait épouser, *municipaliter*, au dernier duc de Bouillon qui était imbécille, et à qui son homme d'affaires, appelé M. Roy, avait persuadé qu'il devait divorcer pour conserver ses biens. On dit aujourd'hui que tous les domaines de ce pauvre Prince ont fini par tomber dans les griffes de ce procureur.

La petite citoyenne la Tour d'Auvergne ne voulut pas rester dans notre chambre, et nous fûmes charmées de sa résolution. Je n'ai pas entendu reparler d'elle, et c'est encore une la Tour d'Auvergne de plus en circulation. Elle avait entrepris de nous éblouir avec l'auréole de gloire du premier grenadier de la république française, ce qui nous fit lui rire au nez, car il est assez connu que le véritable nom de ce prétendu la Tour d'Auvergne est M. Coret (1). Ce malheureux nom de la Maison d'Auvergne est au pillage, et je crois devoir vous prévenir qu'il ne subsiste aujourd'hui qu'un seul agnat mâle des Ducs de Bouillon, Vicomtes de Turenne, lequel est le frère de la Comtesse de Durfort-Civrac. Le premier grenadier de France était un vieux imbécile qui se croyait bâtard d'un Prince de Turenne, et c'était son seul droit au nom qu'il avait usurpé révolutionnairement. Il y a d'autres la Tour d'Auvergne qui n'ont pas même l'apparence d'un droit pareil à celui de M. Coret, et qui portent effrontément le nom du grand Turenne, au mépris des sentences et des arrêts multipliés qui les ont condamnés à le quitter. Il en est ainsi pour de certains Croüy, qui sont des bourgeois de Grenoble, et dont le nom roturier (*Chanel,*) n'a pas la moindre similitude avec celui des Princes de Croüy. C'est une contrariété véritable, assurément! Mais que voulez-vous faire

---

(1) Théophile-Malo Coret, dit *La Tour d'Auvergne*, mort dans une rencontre sur les collines d'Aberhauden, où il faisait partie de la colonne républicaine dite *l'Infernale.*

(*Note de l'Éditeur.*)

en temps de révolution? Bienheureux quand on n'a pas à souffrir d'autres iniquités que celles de l'usurpation nominale!

Un beau matin, pendant la distribution du lait et du pain dans la cour de la *maison d'arrêt*, comme on disait alors, nous y vîmes arriver une forte députation de la Comédie française. Tous ces pauvres gens nous dirent qu'ils venaient d'être envoyés en prison par ordre du comité de salut public, parce qu'ils avaient joué *Paméla*, et que, dans cette pièce d'origine anglaise, un d'eux avait arboré la plaque de l'ordre du Bain, ou celle de la Jarretière, je ne sais plus laquelle des deux. Mlle Contat trouvait toujours quelque chose de spirituel et de respectueux à nous adresser quand elle nous rencontrait sur les escaliers; et c'était visiblement une ingénieuse et gracieuse personne. Mlle Raucourt nous faisait des révérences de théâtre, en nous donnant exactement nos titres et qualifications, et la jolie petite Mlle Mézeray, qui riait toujours, était sans cesse à polissonner avec des enfans dans les corridors. Elle couchait tantôt dans un lieu, tantôt dans un autre, et quelquefois dans un grand vase de marbre, où elle se laissait couler comme dans un entonnoir. Elle avait seulement de la peine à s'y réchauffer, la pauvre fille, et je lui fis donner une de mes couvertures, parce qu'on avait mis le scellé sur toutes les siennes.

J'avais eu le bonheur d'inspirer une sorte de prédilection à la citoyenne Longand, femme du concierge, et Dupont n'avait rien négligé pour entretenir sa disposition favorable à mon égard. Elle avait pris sur elle de me faire avoir une chaufferette, en dépit du comité de sûreté générale et de l'accusateur public Fouquier-Tinville, qui ne tolérait pas l'usage du feu dans les maisons d'arrêt. C'était la sœur de la citoyenne Longand qui faisait mon petit ménage, et c'était une fort honnête demoiselle. Celle-ci ne pouvait s'empêcher de regretter l'ancien régime, en disant qu'avant la révolution elle était première ouvrière chez un marchand, ou pour mieux dire un fabricant d'oiseaux qui étalait sur le Pont-au-Change, et qui faisait beaucoup d'expéditions dans la banlieue de Paris. C'était elle qui teignait les serins jaunes en rouge, et qui fabriquait des crêtes de coq avec de l'écarlate qu'elle attachait ensuite avec de la colle forte sur la tête des petits moineaux. Elle avait le beau secret et l'industrie de faire éclore et d'élever des hannetons dans des chaussons de laine, afin de les revendre aux écoliers. Quand elle parlait de ses malheurs et des pertes qu'elle avait faites, on aurait dit qu'il était question de la chute des Bourbons et de la ruine des Princes de Guémenée !

On nous avait amené Mme de Montmartre, et quoiqu'on eût pu la soupçonner de n'être pas assez défavorable au jansénisme, c'était néanmoins une fille du premier mérite et de la plus haute vertu (1). Quand on la fit comparaître au tribunal révolution-

(1) Marie-Louise de Montmorency-Laval, Abbesse de l'église Royale de N.-D. de Montmartre, Dame et Patronne dudit lieu de Montmartre, de Barbery, Clignancourt, Saint-Ouen, Charonne et autres lieux, née en 1723, condamnée à mort et exécutée le 28 août 1795.

naire avant de l'envoyer à l'échafaud, elle était assistée de sa porte-crosse, appelée Mme de Surbeck.

— Citoyens, disait cette religieuse à tous les tigres de cette caverne, comment voudriez-vous que Madame Notre Mère pût répondre à ce que vous lui dites; elle est restée sept mois dans un cachot à Saint-Lazare, elle en est devenue sourde.....

— Écrivez, citoyen greffier, dit le représentant Barrère, chef des jurés et surnommé *l'Anacréon de la guillotine,* écrivez que la ci-devant abbesse de Montmartre a conspiré sourdement.

Mme de Surbeck accompagna son Abbesse et suivit la charrette à pied jusque sur la place de Louis XV; elle se mit à genoux au bas de l'échafaud pour lui demander sa bénédiction, que Mme de Montmartre lui donna tout aussi paisiblement et solennellement que si la chose avait encore eu lieu dans le sanctuaire de son abbaye royale. — *Va-t'en donc te cacher, béguine,* lui dit le bourreau, *va-t'en donc! Si ce n'était pas moi qui suis de Montmartre et qui suis de service aujourd'hui sur la place de la Révolution, tu n'irais pas coucher chez toi!....*

Son chez-elle était notre prison, la malheureuse! et c'est là qu'elle revint trouver son lit et son bréviaire après l'exécution de sa supérieure. Elle était la tante de l'officier des cent-suisses du même nom qui fut tué dans la chapelle des Tuileries, le 10 août. Il y a longtemps que ce nom de Surbeck est inscrit dans les annales de la fidélité courageuse, et le Roi François Premier avait un Page appelé François de Surbeck, dont l'héroïsme est assez connu

Cette bonne Vendéenne qu'on nous avait adjointe, et que j'aimais beaucoup, s'appelait Martine Levacher; elle était veuve d'un fermier de M. de la Rochejaquelein qui avait été fusillé sur la grève d'Avranches, après la déroute de Granville. Elle nous contait simplement les plus admirables choses du monde, je passais régulièrement tous les jours une heure ou deux à causer avec elle, et nous disions souvent nos prières ensemble.

— Je veux faire abattre ton vieux clocher pour que vous n'ayez plus rien ici qui vous rappelle vos superstitions d'autrefois, disait un conventionnel au mari de cette femme.

— Vous serez bien obligé de nous laisser les étoiles, qui sont plus anciennes et qu'on voit de plus loin que notre clocher, lui répondit ce paysan.

Quoiqu'elle ne fût plus jeune, on voyait qu'elle avait été très belle, et Stofflet aurait voulu l'épouser après la mort de son mari. — Je l'aurais assez bien aimé, disait-elle; mais comme il ne faut avoir en vue, quand on se marie, que d'avoir des enfans pour en faire de chrétiens, j'ai toujours refusé d'épouser M. Stofflet, parce que je n'étais plus en âge. Il paraît que cela n'est pas si bien assuré pour les hommes; mais pour les femmes qui se remarient quand elles sont hors d'âge, il m'est avis qu'elles ne sont pas en sûreté de conscience.

Voyez jusqu'où peut creuser la profondeur, et jusqu'où peut s'élever la sublimité d'une foi sincère, et remarquez bien que c'est une pauvre paysanne à qui j'ai ouï dire ceci.

J'étais donc au Luxembourg aussi bien que possible étant prisonnière et sous le régime de la terreur; mais j'étais bien loin d'avoir épuisé la coupe de mes adversités révolutionnaires, et l'on vint nous signifier que nous allions être transférées dans une autre maison d'arrêt, en ayant soin de notifier à chacune de nous qu'elle ne pourrait emporter de son mobilier et de ses autres effets que ce qu'elle en pourrait porter elle-même. On a su depuis que le concierge nous avait dénoncées comme *entretenant parmi les incarcérés un esprit de superstition, d'intolérance, et de mépris pour la représentation nationale*, et du reste il est généralement connu que la plupart de ces dénonciations et ces déménagemens étaient sollicités par les geôliers, afin d'obtenir la confiscation du mobilier des détenus et de profiter de leurs dépouilles. Nous supposâmes qu'on avait l'intention de nous conduire à pied, et suivant Mme Buffot, c'était à dessein de nous faire assommer par la canaille ; mais dans tous les cas nous fîmes nos dispositions en conséquence de notre inaptitude à porter des fardeaux. Nous emportâmes chacune un pauvre petit paquet dans un mouchoir ; ensuite on nous fouilla très exactement, et finalement on nous entassa dans des carioles d'osier bien escortées par des porte-piques de la commune, qui nous menèrent à Sainte-Pélagie où la première figure que je reconnus fut celle de Mme Roland, qui passait sa tête au travers d'un guichet, et qui demandait à parler au greffier.

FIN DU SEPTIÈME VOLUME.

TABLE

DES MATIÈRES CONTENUES DANS CE SEPTIÈME VOLUME.

Pages.

CHAPITRE I. Impénitence finale et mort de Mme du Deffand. — Ridicule mariage de Mme Denys, nièce de Voltaire.—Un vœu de la Maréchale de Noailles.—Une moquerie de Louis XVIII.—Baptême de la Reine Marie-Thérèse (fille de Louis XVI et ci-devant Duchesse d'Angoulême).—Le Maréchal de Brissac à St.-Sulpice.—Étrange susceptibilité de ce vieux seigneur. — Mme de Beauharnois.—Son portrait.—Son caractère et ses ouvrages.— Les deux cauchemars. — Cazotte et son pouvoir magnétique.—Anecdotes. 1

CHAP. II. Mme de la Mothe.—Éducation de cette aventurière, sa généalogie, sa famille et son frère le Baron de St.-Remy. — Immensité des charités de l'Archevêque de Paris, Christophe de Beaumont. — Mot d'une femme du peuple à ses funérailles.—Mme de la Mothe à l'hôpital. —La sœur Victoire.—Un libelle par l'auteur de Faublas. — Mot de M. de Bièvres à Mme de la Mothe. — La famille des Comnène. — Opinion de l'auteur sur leur généalogie. — Les juifs, les Maniotes et les Corses.—Harangue du cardinal de Bausset à Madame Élisabeth. — Embarras des finances et convocation des notables.— Compte rendu de M. Necker après sa sortie du ministère. 25

CHAP. III. Les Polignac et les Chalençon. — La Comtesse

Diane et les Dames-à-brevet. — La Comtesse Jules, depuis Duchesse de Polignac. — Parallèle et portraits de ces deux Belles-Sœurs. — Révélation du *livre-rouge.* — Bienfaits de la cour envers les Talleyrand. — Chiffre de leurs appointemens ou pensions en 1790. — 60 mille fr. assignés pour l'éducation de MM. de Lameth, et payés par la couronne. — Anecdote et citation littéraire de la Comtesse de Boufflers. — Ignorance de M. de Vaudreuil, et méprise de certains courtisans. — Explication donnée par Louis XVIII. — Couplet adressé par ce prince à Madame Elisabeth, sa sœur. — M. Papillon de la Ferté. — Sa dispute avec le poëte Sedaine. — Audience de la Reine, et sa réponse à M. le directeur des *Menus.* — M. de Sèze, et son début au barreau de Paris. — Succès qu'il obtient devant le Châtelet et scène judiciaire en 1784.   57

Cнар. IV. Embarras dans les finances et manœuvres de Necker. — Lettre de Mgr le Comte d'Artois à l'Assemblée de la Noblesse de Paris. — Belles paroles de M. Bailly, et belles manières de sa femme. — Les États-Généraux et l'Assemblée nationale. — Liste des membres du côté droit (minorité royaliste.) — Liste des députés du parti des anglomanes et de la majorité jacobine. — Funérailles du jeune Dauphin. — Son catafalque à Meudon. — Le Grand-Maître des cérémonies et le Citoyen Goupilleau. — Le Gros-Caillou. — Scène de l'Assemblée nationale. — Mme de Condorcet et la chaste Suzanne. — Reproche que se fait l'auteur. — La Comtesse de Milon, née de Créquy.   55

Снар. V. Quelques satires comtemporaines. — Chansons du Marquis de Créquy, du Vicomte de Ségur et de M. de Champcenets. — Epigrammes de Rivarol et de Mme de Montrond. Notice sur cette dernière. — Similitude et dissemblance de cette Dame avec M. son fils.   73

TABLE DES MATIÈRES.

CHAP. VI. Le Roi, la Reine et les Ministres. — Caractères du garde-des-sceaux, du Ministre de la marine et du Ministre de la guerre. — Le Maréchal de Broglie. — Le Chevalier de Coigny et ses anagrammes. — Anecdotes sur le Maréchal et la Maréchale de Broglie. — Le Président Hocquart et l'aversion qu'il avait pour eux. — Une séance de l'Assemblée nationale. — Le rappel à l'ordre. — Le Cardinal de La Rochefoucault, la Duchesse d'Anville et le Duc de Liancourt. — Réminiscence aristocratique et surannée de l'auteur. — Principaux orateurs des deux partis. — Citations. — Target, Camus, Péthion, Mirabeau, l'abbé Fauchet, Robespierre, etc. — L'abbé Maury, Cazalès, et autres orateurs du côté droit. — Remarques sur l'art oratoire. — De l'éloquence païenne, de l'éloquence chrétienne et de l'éloquence révolutionnaire. — Quelques détails sur MM. de Biron, du Châtelet, de Custine et de Beauharnais. — Regrets de l'auteur sur ce qu'ils avaient embrassé le parti démocratique. 82

CHAP. VII. Assassinat du gouverneur de la Bastille et de son état-major au mépris d'une capitulation. — L'Ambassadeur et les députés du genre humain. — Prétentions généalogiques d'Anacharsis Clootz. — Son discours à l'Assemblée nationale et réponse du président. — Ridicule improvisation du jeune Lameth. — Le Marquis de Bruc et ses paysans. — Dénonciation de sept familles aristocrates qui se réduisent à Mme de Sesmaisons. — Morsure d'un patriote par un poisson féodal. — Arrestation d'une reine émigrante. — Pillage, incendies et démolitions des châteaux. — Anecdotes révolutionnaires. — Opinion de l'auteur et du Duc de Penthièvre au sujet de l'émigration. — Sarcasmes politiques, etc. 101

CHAP. VIII. Journées des 5 et 6 octobre. — Anecdote sur un deuil de cour. — Le loto chez la Reine. — Arrivée de la populace parisienne. — Son irruption dans le châ teau. — Massacre des gardes-du-corps et départ de la famille royale. — Les Ducs d'Orléans et d'Aiguillon. — Mot de l'Abbé Maury. — Louis XVIII au Luxembourg. — La famille royale au Tuileries. — Une audience de la Reine. — La vérité sur M{ᵐᵉ} Campan. — Départ de Mesdames de France et dévouement de Madame Élisabeth. — Madame Royale et M. le Dauphin, son frère. — Caractère de cette Princesse et quelques détails sur Louis XVII.   117

CHAP. IX. Charles de Bourbon-Montmorency-Créquy. — Ses griefs et ses poursuites contre l'auteur. — Protection qu'il reçoit de l'Assemblée nationale. — Lettres de plusieurs députés à ce personnage. — Lettres de l'abbé Lamourette, de M. de Talleyrand, de Robespierre et du général Lafayette. — Accusation ridicule et procès criminel.   152

CHAP. X. Départ de la famille royale. — Arrestation du Roi à Varennes. — Un mot de la Reine pendant le sommeil de son fils. — *Malentendu* qu'on reproche au Duc de Choiseul. — Jugement de l'auteur sur la conduite et le caractère de M. de Choiseul. — Réclamations de M. de Choiseul contre les *Mémoires du Marquis de Bouillé*, pendant la restauration. — Sa résignation présumable depuis la révolution de juillet, etc.   146

CHAP. XI. L'abbé Desmarets. — Révélations sur un des principaux agens de la police impériale. — Une bonne nouvelle de l'émigration. — Les funérailles du général Duphot. — Anniversaire des 13 et 14 juillet. — Représentation scénique à Notre-Dame. — L'évêque du département de la Seine et M. de Talleyrand. — Ils assistent à cette parade révolutionnaire. — On chante *Ça ira* dans cette église. — Le député Gasparin. — Il est organiste et devient régicide. — Lettre du Dieu St.-Simon à l'auteur — Entreprise industrielle dont M. de Talleyrand veu être actionnaire. — Projet de démolir la Métropole de Paris. — Proposition de fabriquer des pipes. — Réponse de l'auteur au Dieu St.-Simon. — M. Rouillé de Lestang. — Son caractère honorable et ses habitudes remarquables. — M. de Pastoret, héritier de M. de Lestang. — Origine de sa famille et singularité de ses armoiries. — Notice biographique sur M. le Chancelier. 151

CHAP. XII. M. de Talleyrand. — Opinion de l'auteur sur la conduite de cet ecclésiastique. — Les nuages et la devise grecque. — Un helléniste battu par un cocher. — Election du maire de Paris. — Le Duc d'Orléans et Marat sont compétiteurs. — Vive Péthion! — Une audience chez Robespierre. — Une maxime de Philippe-Égalité. — Dénonciation dans le *père Duchesne*. — Équité de Robespierre avec l'auteur. — Mot d'une Espagnole au nain de l'Empereur. — Maxime de Stratonice. — Audience chez M. Target. — Audience chez l'abbé Dillon. — Digression sur les ouvrages anonymes et sur les pseudonymes. 165

CHAP. XIII. Pompe funèbre de Voltaire. — Translation de ses restes au Panthéon. — Station du cortége à la porte de M. de Villette. — Pillage de l'hôtel de Castries. — Observation de l'auteur sur le désintéressement des *patriotes*. — Le Prince de Lambesc et le Duc d'Orléans. — Frayeur de ce dernier. — Louis Suleau. — Sa famille et ses écrits. — Ses poursuites contre le Duc d'Aiguillon. — Singulier effet de ces poursuites. — Lettre d'avis qu'il reçoit et sa réponse. — Ses négociations avec Mirabeau — Pétitions des ouvriers, à la section de la *Croix-Rouge*. Collecte en leur faveur et gratitude de ces braves gens. — Inhumations révolutionnaires. — Les carrières de Montmartre. — Le marquis d'Antonelle et Mme de B. — Dénonciation de certains pâtissiers aristocrates. — Arrêté de la commune de Paris contre des gâteaux liberticides. 177

CHAP. XIV. Une femme célèbre. — Anciens rapports de sa famille avec celle de l'auteur. — Son portrait pendant sa jeunesse et pendant la révolution. — Excursion dans les temps révolutionnaires. — M. Roland sollicitant la noblesse, et M. Roland ministre de la république. — Nicolas Bézuchet. — Le citoyen Bourbon-Montmorency-Créquy. — Une audience du ministre Roland. Procès étrange. 190

CHAP. XV. Procès contre Nicolas Bézuchet. — Nouvelles démarches de l'auteur. — Une visite au Juif Kaiffer. — L'accusateur public Faure. — Sa partialité pour Bézuchet. — Maladie de l'auteur. — Lettre et compte-rendu par le Duc de Penthièvre au Marquis de Créquy. — Condamnation de Bézuchet. — Guérison de l'auteur et continuation de son récit. — Nouvelle accusation contre Bézuchet. — Son emprisonnement et son supplice. — Heureux effet de son imposture. — Mme de Créquy est mise en surveillance et en arrestation chez elle. — Sa comparition au tribunal révolutionnaire. — La toilette des condamnés. — Acquittement de l'Abbé de Fénelon et du Père Guillou. — Accusation portée contre ce missionnaire par des méthodistes. — Les phrases ascétiques en style *réfugié*. — Les crocodiles et les Wesleyens. — Emprisonnemens de l'auteur au Luxembourg, à Ste-Pélagie et dans un endroit inconnu. — Le régime de la Terreur et les Kantistes. — Le régime de la Terreur et les Kantistes. — Le comte Garat, le comte Reynhart et le comte de Rambuteau. 201

FIN DE LA TABLE DU SEPTIÈME VOLUME.

www.ingramcontent.com/pod-product-compliance
Lightning Source LLC
Chambersburg PA
CBHW060129170426
43198CB00010B/1090